经济高质量发展研究书系

四川省旅游业 供给侧结构性改革及推进路径策略

Sichuansheng Lüyouye
Gongjice Jiegouxing Gaige ji Tuijin Lujing Celüe

芮田生 ◎ 著

西南财经大学出版社
Southwestern University of Finance & Economics Press
中国·成都

图书在版编目(CIP)数据

四川省旅游业供给侧结构性改革及推进路径策略/芮田生著.—成都:西南财经大学出版社,2021.4
ISBN 978-7-5504-4102-6

Ⅰ.①四… Ⅱ.①芮… Ⅲ.①地方旅游业—经济体制改革—研究—四川
Ⅳ.①F592.771

中国版本图书馆 CIP 数据核字(2021)第 062509 号

四川省旅游业供给侧结构性改革及推进路径策略
芮田生 著

策划编辑:高小田
责任编辑:高小田
封面设计:何东琳设计工作室
责任印制:朱曼丽

出版发行	西南财经大学出版社(四川省成都市光华村街 55 号)
网　　址	http://www.bookcj.com
电子邮件	bookcj@swufe.edu.cn
邮政编码	610074
电　　话	028-87353785
照　　排	四川胜翔数码印务设计有限公司
印　　刷	四川五洲彩印有限责任公司
成品尺寸	170mm×240mm
印　　张	10.75
字　　数	179 千字
版　　次	2021 年 4 月第 1 版
印　　次	2021 年 4 月第 1 次印刷
书　　号	ISBN 978-7-5504-4102-6
定　　价	68.00 元

前言

当前，我国正全面推进供给侧结构性改革，力图突破低水平循环发展模式，提高经济发展质量，迈向中等发达国家行列，奋力实现“两个一百年”的伟大目标。旅游业作为我国经济的重要组成部分，是供给侧改革的重要领域。四川省作为旅游大省，正努力进一步做优、做强，为此本书对四川省旅游供给侧结构性改革进行具体分析，在参考相关重要政策及相关研究的基础上，构建一个适合省域旅游供给侧结构性改革的研究体系，全面分析四川省旅游业供给现状，对存在的问题进行深入剖析，对供给侧改革路径进行系统探索，为扎实推进四川省旅游供给侧结构性改革和提升四川省旅游业发展质量提供参考。本书相关研究内容如下：

一是旅游供给侧改革概况。①从旅游供给侧改革背景方面进行分析。供给侧结构性改革最早于2016年针对我国“供需错位”提出，一方面，我国低端产品产能过剩，另一方面，高端产品不能满足需求，导致我国供给效率偏低，经济总体质量难以整体提高。②从旅游方面进行分析，我国现有旅游供给难以满足旅游需求品质化、竞争国际化、发展全域化、产业现代化等旅游发展趋势要求，需要从生产、供给端入手，调整旅游供给结构，为真正满足内需，寻求旅游供给新路径，提升旅游发展动力。③从旅游供给侧改革相关政策方面进行分析。厘清四川省旅游供给侧结构性改革相关理论与相关政策，进一步明确四川省旅游供给侧改革的主要方向。主要是结合创新、协调、绿色、开放、共享的发展理念，党的十九大报告对经济高质量发展等要求，以及各级各层面与四川省旅游相关的“十三五”规划等，分析旅游供给侧改革总体要求。④从四川旅游发展现状和发展经验方面进行分析。发展现状方面，总体而言四川旅游总量大，发展速度较快，但在具体领域，如入境旅游方面、游客人数增速方面等存在不足，其他深层次的问题则需通过进一步分析来掌握深层次的原因。发展经验方面、政府主导、创新驱动、民生为先、依法兴旅、旅游强县等是推动四川旅游发展的重要动力和保障，是旅游供给侧结构性改革路径的重要参考。⑤从四川省旅游业总体竞争力方面进行分析。相关研究表明，四川省旅游业存在旅游接待方面的供给效率不高、旅游需求拉动力减弱明显、发展环境方面短板明显等影响旅游供给的问题。可考虑引导企业采取多元化经营等形式“去库存”，增加其经营效益；采取供给数量与供给质量并重的策略，引导旅游产品品质逐步提升；通过推动全域旅游，加大旅游产业与其他产业融合程度等策略，改善旅游发展环境。

二是四川省旅游目的地供给分析。首先，对旅游目的地研究体系进行分析。本书对旅游目的地的层次进行分析，将旅游目的地分为不同层次。在此基础上，构建旅游目的地研究模型、方法体系及相关的评价指标体系。主要的研究模型与方法有旅游产业集群分析、旅游业与经济和交通耦合协调度分析等。其次，对四川省旅游目的地集群发展进行分析。选择四川省5大旅游区域作为旅游目的地，对5大区域旅游集群情况进行分析，通过分析可知，不同地区其集群内部结构存在明显差异，可采用不同的旅游供给策略，提高集群发展路径的针对性。最后，对四川省旅游目的地耦合协调度进行分析。通过对四川省5大旅游区域内的旅游—经济—交通耦合协调度进行分析，了解不同区域旅游发展特点，针对发展软肋，提出相应的旅游供给完善路径。

三是四川省旅游产品供给分析。首先是四川省旅游产品供给现状评价。通过旅游竞争力分析、旅游业结构分析、旅游投入产出效率分析等方法，得到四川省在旅游资源、旅游景区、旅游线路、旅游营销等各个方面的发展总体状况。其次是四川省旅游产品供给短板分析。主要存在的短板有：旅游产品品牌建设发展不均衡；旅游产品结构体系仍局限于传统领域；旅游产品缺乏内涵培育与方式创新；旅游产品资源配置效率有待提升。最后是四川省旅游产品供给路径分析。在市场开拓方面，巩固和提高重点市场旅游产品供给的质量；探索新兴市场需求特点，完善旅游产品供给方式；挖掘潜在市场消费潜力，弥补旅游产品供给短板。在旅游供给新动力方面，以旅游发展新理论为指引，确保旅游产品供给侧改革的科学性；积极探索旅游新兴业态开发，丰富旅游产品供给类型；加大新技术在旅游业中的普及，促进旅游产品结构优化。在旅游产品供给效益方面，找准旅游产品特色优势，突出市场形象；找准合作共赢点，推动旅游产品协同发展；通过旅游要素集聚发展，降低旅游产品供给成本。在旅游政策供给方面，通过旅游政策引导旅游产品供给结构优化，通过旅游政策降低旅游产品供给侧改革的风险，通过旅游政策促进旅游产品重点领域取得突破。

四是四川省旅游公共服务供给分析。首先是旅游公共服务概念体系分析。结合旅游公共服务体系相关研究，以及《四川省“十三五”旅游业发展规划》提出的旅游供给侧改革要求——以旅游服务要素供给补齐旅游公共服务短板，拓展现有旅游公共服务的研究角度和研究方法，构建四川省旅游公共服务评价体系。其次是四川省旅游公共服务体系评价。①公共服务供给数量评价——针对不同市州采用人均指标数据，通过对比分析了解旅游公共服务供给的数量情况；②旅游公共服务供给质量评价——根据游客对公共服务的评价对供给质量进行分析；③旅游公共服务供给效益评价——根据旅游公共服务的投入产出情况进行分析。最后是探索旅游公共服务体系路径。相关的途径有：建立多渠道公共服务供给机制，促进旅游公共服务需求与供给有效对接；完善现代旅游治理机制，提高旅游公共服务供给质量；大力推进旅游新业态新技术的应用，进一步提升旅游公共服务供给效率。

五是四川省旅游产业政策供给分析。本书结合相关研究，将旅游产业政策分为四类：旅游产业布局政策、旅游产业组织政策、旅游产业开发政策和旅游产业保障政策。在此基础上，进一步对这四类政策进行细分，再结合四川省各项旅游产业政策，尤其是以《四川省“十三五”旅游业发展规划》为核心，对目前四川省旅游产业政策的供给情况进行全面分析，探索现有旅游产业政策完善的途径。主要有：加强政策制定的理论依据；政策重心向发展质量进一步倾斜；加强战略性规划相关的旅游产业政策；提升市场调整政策的灵活性；加强入境旅游市场相关产业政策等完善措施。

六是四川省城乡旅游供给分析。首先是城市旅游供给分析。参考城市休闲、优秀旅游城市等的评价体系，对四川省主要城市进行评价，并提出完善多样性的公共空间、优化城市公共空间的意象、完善城市公共空间的管理机制等路径供参考。其次是乡村旅游供给分析。四川省的乡村旅游发展走在全国前列，可以考虑采取如下措施进一步提升发展水平：推动乡村旅游规模扩张与产业集聚；丰富和提高乡村旅游产品内涵；加强法律与政策的指引作用和推动作用；提升乡村旅游基础供给水平；加强新业态新技术供给等。最后是旅游综合体供给分析。通过与广东省旅游综合体进行统计和对比分析，得到四川省旅游综合体的总体情况：主题游乐园的数量比较多，但是景区的品质还有待提高，体现在景区的等级相对广东省而言普遍偏低；而在田园综合体方面，数量众多，但旅游产品供给层次总体偏低，体现在休闲度假层次的田园综合体偏少。为此，可考虑加大旅游综合体的理论指导和具体开发力度；强化相关政策对旅游综合体的引导和扶持；注重文化积淀和新科技应用等措施，提升发展质量。

通过对旅游目的地供给、旅游产品供给、旅游公共服务供给、旅游政策供给，以及城乡旅游供给进行供给数量、质量和效率三个维度的系统综合分析，进一步全面把握四川省旅游供给情况、供给不足之处，以及问题产生的原因。同时，结合现有旅游发展新理念、旅游发展新趋势，探索四川省旅游供给侧改革的重点和具体完善路径，力图为四川省旅游业持续高质量发展提供参考。

本书源自四川省社会科学研究“十三五”规划2017年度课题“四川省旅游业供给侧结构性改革及推进路径政策”（项目批准号：SC17B039），在此，对四川省社科联的大力支持表示由衷感谢。

本书来自课题研究报告，是课题组成员共同努力的结果，在此，对课题组成员胡艳、刘平中、曹俊畝、张科、周亚、简传红等表示由衷感谢。

本书在撰写过程中，得到了史仕新教授、李益彬教授的悉心指导，在此表示由衷感谢。

芮田生

2021年4月

目　录

第一章　绪论

第一节　研究现状与研究意义

四川省作为旅游大省，目前正积极谋划具有前瞻性、战略性的四川省旅游业供给侧结构性改革宏图，积极部署和推进旅游供给侧结构性改革工程，以期为四川省旅游经济发展打下坚实基础，为四川省迈向旅游经济强省注入新的动力。为此，本书从现有研究入手，进一步厘清研究方向和研究重点，构建旅游供给侧结构性改革研究框架和研究体系。相关研究如下：

一、国内外相关研究

（一）供给侧结构性改革研究

当前，我国经济正全面进行供给侧结构性改革，力图突破低投入—低产出—低收益的低水平循环发展模式，提高经济发展质量。国家层面的供给侧结构性改革相关理论是旅游业供给侧结构性改革的理论来源。国家层面供给侧结构性改革主要涉及四个基本内容，即改革背景、改革领域、改革动力和改革保障。在改革背景方面，我国大力发展市场经济并取得了突出成效，但目前存在微观层面生产者单个的供给行为可能导致宏观层面供给侧结构与需求侧结构不相匹配的问题，仅依靠微观层面的发展难以维持宏观经济高速增长的发展水平①。“新常态”意味着目前中国经济发展发生了很大改变，包括新目标、新环境、新挑战、新机遇、新模式等，尤其是高质量发展成了发展的核心目标和要求。供给侧结构性改革正是在这一背景下应运而生的。新常态是中国经济转型升级，向发达国家过渡的必经阶段②。在改革领域方面，经济长期增长的五

① 谈俊. 我国供给侧结构性改革的背景和意义［J］. 经济研究参考，2017（26）：10-17.

② 康珂. 经济新常态下的供给侧结构性改革：背景、逻辑与路径［J］. 现代管理科学，2016（9）：39-41.

个要素（劳动力、土地及自然资源、资本、制度、创新）是我国供给端改革创新的重要领域①。在改革动力方面，效率与科技创新对供给侧改革意义重大，经济增长的主要驱动力应当从增加投资转向提高全要素生产率（TFP）②；中国供给侧改革目标是发展知识密集型经济③。在改革保障方面，即加强对供给侧改革困难的分析，厉以宁（2015）认为供给侧结构性改革有调整结构和补短板两大主要困难。供给侧结构性改革强调结构性，这要求从宏观供给着眼，结构调整着手，通过结构优化，推动供给侧结构性改革，使供给能满足高品质需求，真正提高经济发展竞争力，激发经济发展内生动力和活力，推动经济发展质量上一个新的台阶。供给侧结构性改革实施的主体是企业，但最关键的是政府要通过顶层设计，在遵循市场经济发展规律的条件下，协调利益、重点突破，才能促进总体经济水平及时有效的提升。

（二）旅游供给侧结构性改革研究

目前针对旅游业供给侧结构性改革存在问题的研究，主要集中在四大领域。一是旅游产品供给方面存在的问题，如旅游产品单一，优质产品供给不足，旅游产品结构单一、缺乏特色④。旅游产品要素配置不合理，旅游产品和旅游服务存在供需不匹配等问题⑤；旅游新产品、新业态、旅游休闲主题城市少⑥。主体（观光型）旅游产品开发层次较低，旅游资源的高品质与已开发旅游产品初级性的矛盾日益凸显⑦。二是制度和政策方面存在的问题，如旅游供给方面的突出问题是制度供给不足；旅游政策供给滞后，旅游行业的系统性与政策供给的分散性之间的矛盾⑧。三是旅游市场方面存在的问题，包括市场秩序不规范、旅游业要素配置不合理、供给效率低下等旅游供给侧问题。如北京

---

① 贾康."十三五"时期的供给侧改革［J］.国家行政学院学报，2015（6）：112-121.

② 吴敬琏，厉以宁.供给侧改革引领"十三五"［M］.北京：中信出版社，2016.

③ 龚刚.论新常态下的供给侧改革［J］.南开学报，2016（2）：13-19.

④ 张广海，高俊.我国旅游业供给侧改革分析［J］.经济与管理评论，2016（4）：113-118.

⑤ 夏杰长，徐金海.以供给侧改革思维推进中国旅游产品体系建设［J］.河北学刊，2017，37（3）：126-130.

⑥ 姜文华，朱孟斐，朱孔来.旅游产业供给侧改革存在的问题与对策建议［J］.山东社会科学，2017（11）：147-152.

⑦ 赵爱民，陆恒芹，吴晓伟.供给侧改革下安徽省旅游产业转型升级研究［J］.商业经济研究，2017（15）：170-172.

⑧ 张辉，成英文.中国旅游政策供需矛盾及未来重点领域［J］.旅游学刊，2015，30（7）：6-7.

市旅游消费有效供给不足①。四是公共产品供给存在的问题，如供给主体较为单一，有效供给严重不足，体制机制运行不畅，公共服务理念比较缺失等②。

城乡旅游供给侧结构性改革相关研究发现乡村旅游供给侧改革存在内涵挖掘不力，乡村旅游地过度城市化，乡村旅游供给侧无效产品供给过多等问题③。

与旅游供给侧改革路径的相关研究发现，可以通过全域旅游发展理论助推旅游业供给侧结构性改革④；通过旅游信息化，刺激旅游经营企业完善旅游产品供给，推动旅游供给侧改革⑤。

系统研究旅游供给侧结构性改革包括：曾博伟和魏小安对旅游供给侧结构性改革进行了全面分析，在实践部分从基础业态、新兴业态、延伸领域、政府保障四个方面对旅游供给侧结构性改革进行了具体分析⑥；梁留科从旅游六要素入手，对新时期旅游供给侧结构性改革进行了具体分析⑦。

在四川省旅游业供给侧结构性改革相关政策文件方面，《四川省“十三五”旅游业发展规划》提出了旅游供给总体改革途径：以旅游理论和制度供给夯实旅游产业发展基础；以旅游服务要素供给补齐旅游公共服务短板；以旅游产品和线路供给调整旅游产品结构体系⑧。该规划分别从旅游产品供给、理论制度、公共服务三个方面提出了供给侧结构性改革思路。

以上有关旅游供给侧结构性改革的研究，确立了旅游供给侧结构性改革的基本内容：旅游产品、旅游市场、旅游公共服务、旅游相关制度，为此次研究四川省旅游供给侧结构性改革确定了基本方向。

---

① 郭馨梅，施珊珊. 供给侧改革下北京市旅游消费品质提升研究［J］. 区域经济，2017（6）：155-158.

② 夏杰长，徐金海. 以供给侧改革思维推进旅游公共服务体系建设［J］. 河北学刊，2016，36（3）：129-133.

③ 张忠. 我国乡村旅游供给侧结构性改革：问题与对策［J］. 改革与战略，2017，33（10）：98-100.

④ 唐贤伦，陈品玉，殷红梅，等. 我国供给侧结构性改革背景下的全域旅游发展理论体系研究［J］. 改革与战略，2017（9）：67-70.

⑤ 陈国生，陈政，刘军林. 旅游供给侧改革中的信息化推动与产业博弈［J］. 湖南社会科学，2016（3）：126-130.

⑥ 曾博伟，魏小安. 旅游供给侧结构性改革［M］. 北京：中国旅游出版社，2016.

⑦ 梁留科. 新时代背景下旅游供给侧改革研究［M］. 北京：科学出版社，2018.

⑧ 四川省“十三五”旅游业发展规划［EB/OL］. http://www.sc.gov.cn/zcwj/t.aspx? i=20170421084744-870908-00-000.

（三）研究述评

现有旅游供给侧结构性改革相关著作以理论为框架，以个案分析为论证。本书以四川省作为具体对象，因此，除了构建适合省域旅游供给侧结构性改革的理论框架外，在具体分析方面，不仅采用个案分析，更收集了大量数据进行系统分析，为深入了解省域旅游发展情况和探索供给侧结构性改革路径提供了科学依据。相对于现有研究，本书在以下四个方面进行了拓展：

1. 进一步明确省域旅游供给侧结构改革研究对象和研究框架

研究成效很大程度上取决于能否构建适合省域旅游供给侧结构性改革的研究体系。为此，本书结合相关研究，以及四川省旅游发展具体情况，探索和构建了一个总体涵盖、重点突出的研究体系。具体而言，以旅游目的地供给、旅游产品供给、旅游公共服务供给、旅游政策供给等为主要研究对象，从旅游构成要素的角度对旅游供给进行研究。再对其他旅游重点领域进行了逐一分析，即对城市旅游供给、乡村旅游供给、旅游综合体供给三个方面分别进行研究，从不同空间分布形态对旅游供给进行分析。

2. 进一步确立旅游供给侧结构改革分析的维度和方法

评价旅游供给现状是深入了解现有旅游供给存在问题的关键，是研究旅游供给侧结构性改革的核心。为此，本书首先确定评价维度，即从旅游供给的数量、质量和效益三个方面进行评价，在此基础上，再筛选更适合的研究方法进行具体分析，确保了评价体系的全面性和系统性。

3. 进一步结合具体省情确定研究指标和研究数据

结合研究维度、研究方法，以及四川省具体情况，包括发展目标、发展规划、发展现状、发展特色等，进一步确定四川省旅游供给侧研究的相关指标和相关资料。结合旅游发展数量、发展质量和发展效益，以及具体的研究方法，如旅游竞争力分析、旅游集群发展分析、旅游耦合协调度发展分析、旅游投入产出分析等具体方法，以及四川省发展规划、产业发展政策、旅游业发展统计资料与数据等，构建具有针对性的研究指标和研究资料。

4. 进一步结合重要理论和时代要求探索改革路径

在全面评价四川省旅游的基础上，明确现有旅游供给存在的不足之处及问题产生的原因。再结合旅游发展相关理论，如全域旅游、集群发展、协调发展、可持续发展等旅游发展重要理论，以及旅游发展新趋势，包括旅游发展新业态、新技术、新模式等，探索具有针对性、时代性的旅游供给侧结构性改革路径。

二、研究价值

本书在归纳总结相关文献，以及参考重要旅游理论的基础上，期望能在以下两个方面有进一步的发展：

（一）学术研究方面的价值

学术研究方面的价值主要体现在三个方面：一是探索与构建更具针对性的省域旅游业供给侧改革体系。目前有关旅游业供给侧结构性改革的专著在研究体系方面注重宏观理论分析或者个案分析，相关论文则注重某方面的研究，缺乏针对省域旅游相关的研究体系，此次研究首先就需要解决这个问题，所构建的研究体系可作为其他省域旅游供给侧改革的参考。二是探索与构建多个维度、多种方法的研究途径。从旅游供给数量、质量和效益三个方面，以及相应的评价方法，对四川省旅游目的地、旅游产品、旅游公共服务、旅游产业政策供给，以及四川省城市旅游、乡村旅游、旅游综合体等进行评价，从而可以全面深入分析现有旅游供给存在的不足。三是探索与构建以新理论为指导的，具有时代性的旅游业供给侧改革路径。通过对现有供给侧问题产生的原因进行分析，借鉴现有供给侧的相关理论，并结合旅游业发展的新业态、新技术、新模式，提出更系统完备的旅游业供给侧改革路径。

（二）应用方面的价值

本书的主要目的是为各类旅游业供给侧主体提供决策参考，尤其是四川省各级旅游主管部门。本书应用方面的价值主要包括以下三点。一是有助于旅游业供给侧主体宏观把握四川省供给侧改革要点。供给侧结构改革的内容涵盖范围广，既要全面又要把握重点才能切实提高研究的实用价值，为此，本书对四川省旅游目的地、旅游产品、旅游公共服务、旅游产业政策供给，以及四川省城市旅游、乡村旅游、旅游综合体等进行全面评价，为旅游供给侧相关主体提供了一个较为系统的研究框架。二是有助于四川省旅游相关部门切实推动旅游供给侧改革。省域旅游业如何开展供给侧结构性改革是一个值得探索的问题，本书在对四川省旅游供给侧进行研究的过程中，除了借鉴现有旅游供给侧相关理论研究，还将四川省众多旅游供给相关资料等作为重要参考融入旅游供给侧结构性改革的研究内容中，从而使本书的研究紧紧围绕四川省实际情况，有助于厘清旅游供给侧结构性改革思路，切实推动供给侧结构性改革。三是有助于旅游供给企业把握四川省旅游未来发展方向，优化旅游资源配置。旅游企业作为旅游供给侧结构性改革的重要主体，有必要了解四川省旅游供给侧改革的重点领域和方向，并根据情况进行调整，发展重点，才能有助于企业成长。通过调整，引导企业优化旅游资源配置，最终推动四川省旅游业发展质量的提升。

第二节　研究对象、研究框架与研究重难点

一、研究对象

本书以旅游目的地综合供给、旅游产品供给、旅游公共服务供给、旅游政策供给等为主要研究对象，以城市旅游供给、乡村旅游供给、旅游综合体供给等研究对象为辅，从旅游供给的数量、质量和效益方面对四川省旅游供给状况进行具体评价，找出旅游供给侧存在的问题。四川省旅游供给侧结构性改革主要研究对象与研究框架如图 1-1 所示。

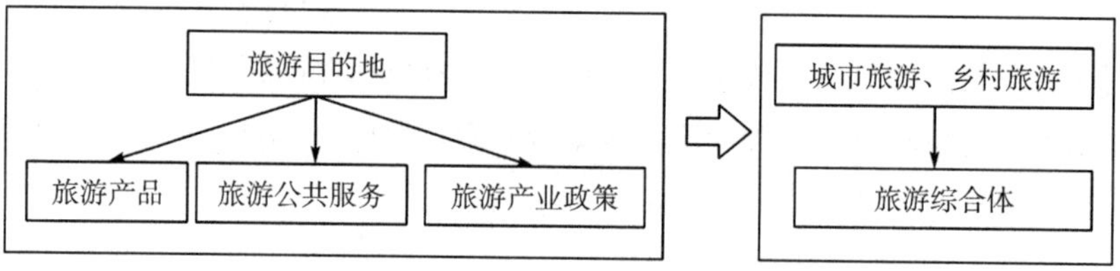

图 1-1　四川省旅游供给侧结构性改革主要研究对象与研究框架

从图 1-1 可知，本书先分析旅游目的地，再逐一分析旅游供给侧的三个主要方面——旅游产品、旅游公共服务、旅游产业政策，最后根据旅游产业供给地域的不同，从城市旅游、乡村旅游，以及旅游综合体三个方面对旅游供给侧结构性改革进行分析。通过对以上内容进行分析，较为全面地把握了四川省旅游供给情况。接着借助旅游发展的重要理论和新趋势，如全域旅游、共享经济理论、集群发展理论、协调发展理论、“旅游+”、旅游新业态、新技术等，提出旅游供给侧结构性改革的路径。

二、研究框架

根据现有有关旅游的重要文件，如全国及各省的旅游“十三五”规划可知，旅游供给侧结构性改革的主要领域集中在旅游目的地供给、旅游产品供给、旅游公共服务供给、旅游产业政策供给、旅游城乡供给五个方面。

(一) 旅游目的地供给

旅游供给侧改革是一个系统工程，需要从宏观供给着眼，从结构系统着手，才能全面把握旅游供给侧改革的重点和关键点。为此，本书从旅游目的地的角度进行旅游供给分析，总体把握旅游供给体系。旅游目的地包括了旅游资源、旅游产品、旅游市场营销、旅游目的地形象、旅游产业融合、旅游新业态新技术、旅游公共服务、旅游政策等多个方面。本部分重点对旅游目的地内部要素关系进行分析，包括耦合协调度、集群发展状况等。

(二) 旅游产品供给

本书围绕旅游业供给侧结构性改革的核心内容——旅游产品，从旅游产品品牌、结构、内涵和效率四个方面对四川省旅游产品供给存在的问题进行深入剖析；在此基础上，从市场（重点市场、潜在市场和新兴市场），创新（新理论、新业态和新技术），发展模式（特色发展、协同发展和集聚发展），政策（政策保障、政策引导和政策促进）四个方面提出了总体改革路径，以提高旅游产品供给效果。

(三) 旅游公共服务供给

旅游公共服务对于旅游发展环境和可持续发展具有重要意义。通过对四川省各市州旅游公共服务供给数量、供给质量和供给效率进行全方位评价，从而得到各市州在旅游公共服务供给方面存在的短板，为各市州有针对性地改善旅游公共服务提供客观依据。

(四) 旅游产业政策供给

四川省旅游产业政策总体比较好，但还是存在一定的问题。这些问题主要体现在：结合四川省情的发展性政策待加强；美食、购物、入境是四川旅游的短板；基础性领域的政策支持仍不足，具体体现在文化产业园、生态保护等政策支持不够具体；市场调整政策的灵活性有待提升；政策相关部门间的协调有待加强。

(五) 旅游城乡供给

旅游城乡供给主要分析城市旅游供给、乡村旅游供给、旅游综合体供给三方面。对城市旅游的分析，主要结合优秀旅游城市标准、城市休闲指数评价、城市营销、城市公共服务等。在乡村旅游供给方面，则通过现有统计资料，对乡村旅游供给产品的供给质量、政策扶持领域、乡村旅游发展保障、可持续性发展等分别进行分析。在旅游综合体方面，选择两类旅游综合体——主题游乐园、田园综合体与广东省进行对比分析，找出存在的问题。

三、研究重难点

（一）研究重难点

1. 旅游目的地供给评价

旅游供给侧改革是一个系统工程，需要从宏观供给着眼，从结构调整着手，才能全面把握旅游供给侧改革的重点和关键点。为此，本书从旅游目的地的角度进行旅游供给分析，以全面把握旅游供给体系。旅游目的地包括了旅游资源、旅游产品、旅游市场营销、旅游目的地形象、旅游产业融合、旅游新业态新技术、旅游公共服务、旅游政策等多个方面。本书重点分析旅游目的地内部的耦合协调度、集群发展模式。

2. 旅游产品供给评价

本书围绕旅游业供给侧结构性改革的核心内容——旅游产品，从旅游产品品牌、结构、内涵和效率四个方面对四川省旅游产品供给问题进行深入剖析；在此基础上，从市场（重点市场、潜在市场和新兴市场），创新（新理论、新业态和新技术），发展模式（特色发展、协同发展和集聚发展），政策（政策保障、政策引导和政策促进）四个方面提出了总体改革路径，以提高旅游产品供给效果。

（二）研究难点

1. 旅游供给侧评价方法选择

供给侧结构性改革需要深入了解旅游供给存在的问题，需要对供给数量、供给质量和供给效率进行定量分析，为了保证方法的有效性，需要对众多方法进行筛选。除了方法，相关研究涉及大量数据，数据的收集和选择也有一定的难度。

2. 旅游供给侧改革路径分析

旅游供给侧结构性改革路径的提出，一方面要借助旅游发展的重要理论和举措如全域旅游、“旅游+”、旅游新业态新技术、共享经济等相关理论和技术；另一方面要结合四川省旅游发展的实际情况，尽可能提出思路清晰，贴合实际，具有一定针对性，而且具有一定创新性的旅游供给侧改革路径。

第三节 研究思路与研究方法

一、研究思路

首先，梳理相关理论与相关政策，构建研究体系。总结和分析旅游供给侧结构性改革相关的理论、政策背景，包括我国供给侧结构性改革的相关理论和实践、旅游相关政策对旅游供给侧提出的要求，以及旅游业自身发展的相关理论、方法及实践。通过相关政策的总结，从而确定旅游供给侧结构性改革的重点领域：旅游产品供给、旅游公共服务供给、旅游政策供给、旅游市场管理等。

其次，从宏观角度对旅游供给侧结构性改革存在的问题进行总体分析。本书选择从旅游目的地角度对区域内旅游各要素的关系进行分析。采用旅游竞争力评价法、旅游产业集群发展分析、旅游协调耦合分析等多种方法，较为全面地评价旅游目的地旅游供给的结构情况，从而找出问题所在，并构建相关的改革路径。

再次，对旅游供给侧主要改革领域进行重点分析。旅游供给侧改革的重要领域有旅游产品、旅游公共服务、旅游政策、旅游市场管理。结合四川省旅游政策对以上旅游供给主要要素的发展要求，采用投入产出法、旅游产品结构法等对现有旅游主要领域的供给情况进行评价，并结合相关理论，尤其是国家新发展理念、高质量发展理念、全域旅游、新业态新技术理论等，提出旅游供给领域改革的路径。

最后，对城乡领域的旅游供给进行分析。包括对城市旅游供给、乡村旅游供给、旅游综合体旅游供给进行分析。结合之前对旅游目的地、旅游主要组成要素——产品、政策、市场、公共服务等的分析结果，以及城市、乡村、旅游综合体自身的发展规律和特点，分析现有城市、乡村、旅游综合体供给存在的问题，并提出相关的供给侧结构性改革路径。

四川省旅游业供给侧结构性改革及推进路径策略研究框架如图 1-2 所示。

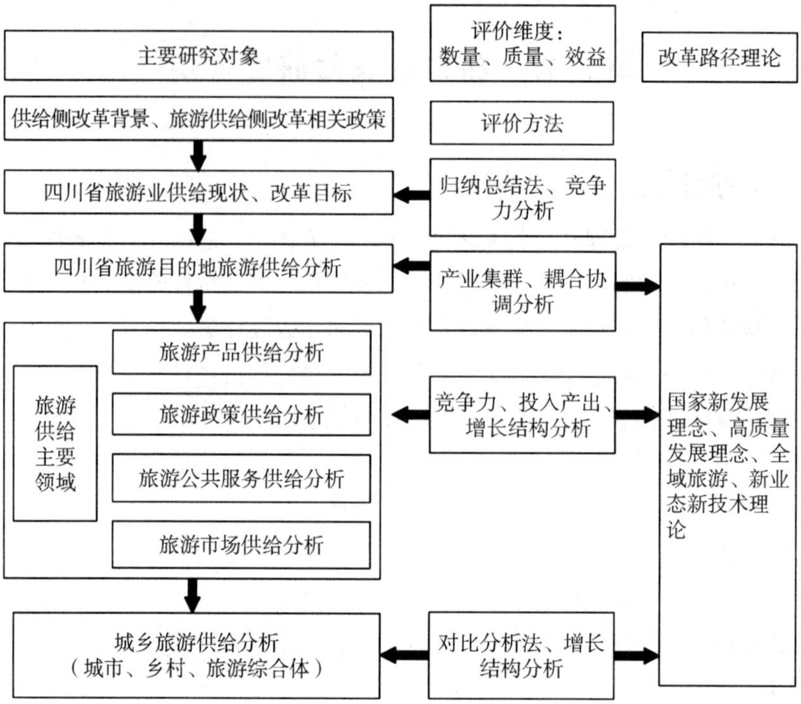

图 1-2　四川省旅游业供给侧结构性改革及推进路径策略研究框架

二、研究维度与研究方法

（一）研究维度

1. 旅游供给数量

旅游供给数量的评价方式主要有两种：一种是基于现有统计年鉴等数据进行评价；另一种是基于主观的感受，如满意度、重要性等进行评价。评价的主体应该涉及三个方面：一是政府，二是企业，三是游客。各个主体在三个不同指标所占的权重应该有所不同。如在供给的效益方面，政府和企业应该占较大的权重；而在数量和质量方面，三个主体所占的比重可以比较接近，从而构建起一级评价指标及其相应的权重。

2. 旅游供给质量

旅游供给质量的评价方式主要有两种：一种是基于现有统计年鉴等数据进行评价；另一种是基于主观的感受，如满意度、重要性等进行评价。

3. 旅游供给效益

评价旅游供给效益的指标主要有社会效益、经济效益和生态效益。其中，经济效益是评价的一个重点，主要涉及的方法有投入产出法，以及一些具体的数据收集、处理和方法。

（二）研究方法

本书采用多学科综合协同的研究方法，如归纳总结法、对比分析法、实证分析法、因果分析法。

1. 归纳总结法

旅游供给侧结构性改革涉及的因素比较多，做到既要全面又要有重点，就需要对资料进行归纳总结，全面把握相关要素，并提取与供给侧相关的信息，从宏观上确保研究全面而又具体。

2. 对比分析法

对比分析法是了解四川省旅游发展现状，发现旅游供给问题，确定旅游供给改革重点比较有效的方法。旅游供给侧结构性改革需要对投入要素的供给数量、供给质量和供给效率进行分析，在对这三个维度进行分析的过程中，由于没有绝对指标，都是相对的，因此，分析旅游供给水平的一个基本分析方法就是对比分析，通过与不同旅游发展水平的地区之间对比，可以揭示各地旅游发展的优势和短板，从而找准旅游供给侧改革的重点。

3. 实证分析法

通过资料收集，获取旅游业供给侧改革相关领域的重要数据。再通过定量分析法，了解目前四川省旅游业供给的具体情况。其中，定量分析又可以细分为旅游竞争力分析法、旅游产业集群分析法、旅游耦合协调度分析法、旅游效率分析法、产业结构分析法等。

4. 因果分析法

在了解旅游业供给存在问题基础上，需要对问题产生的原因进行追踪，即通过因果分析，找出问题产生的原因，进而提出具体的改进措施和路径。

（三）评价指标

旅游供给侧改革的基础是了解旅游发展状况，即对现有旅游的供给情况进行全面而又客观的评价，从而构成了旅游供给评价指标体系，相关指标如下：

1. 旅游业总体发展指标

旅游业总体发展指标主要有旅游业总收入、旅游业增加值、入境旅游人次数、国内旅游人数（人次数、居民出游率）、旅游外汇收入、国内旅游收入、外国人入境旅游人数、出境旅游人数、旅游外汇收入、直接就业人数。其中，旅游业增加值是非常重要的一个指标，该指标客观反映了旅游业所提供的全部增加值。

2. 旅游业战略发展指标

旅游业战略发展指标是衡量地方政府战略发展措施实施情况及实施效果的重要指标，主要包括旅游目的地指标、旅游产品指标、旅游线路参考指标、开发旅游商品指标、旅游城市指标、拓展资金参考指标、集群发展参考指标、品牌建设参考指标等。

3. 旅游业支撑性指标

旅游业支撑性指标是旅游业主要相关行业的指标，这些行业具有较高的独立经营权。主要有景区、旅行社业、餐饮业、住宿业、交通业、规模以上旅游公司、旅游教育科研机构。参考指标有旅游人才培养数量、高校旅游专业情况（类型、层次、数量）等。

4. 旅游业发展环境指标

旅游业发展环境指标主要有竞争环境参考指标、经济环境参考指标、生态卫生环境参考指标、社会环境参考指标、保障能力参考指标等。

（四）旅游供给路径分析

四川省在完善旅游供给路径时，总体可以从以下三个方面考虑：

1. 基础性发展路径

旅游业发展目标：旅游业增加值占全省地区生产总值比重、旅游总收入年均增长率、旅游投资总额、旅游服务管理水平、旅游产业素质和综合效益水平。

旅游产业空间布局：旅游带、旅游圈等。

重点任务：完善旅游公共服务体系，如完善旅游基础设施，提升智慧旅游水平；丰富旅游产品有效供给，如从观光、休闲度假和城乡旅游产品三个方面进行完善；推进乡村旅游发展；打造旅游品牌，如旅游目的地品牌、旅游产品品牌、旅游企业品牌、旅游管理与服务品牌、文化旅游品牌、工业旅游品牌等，新增高等级的旅游景区和旅游度假区；拓展旅游市场；壮大旅游企业，加强旅游市场监督；深化旅游改革创新。

2. 特色性发展路径

旅游发展目标：如综合经济相对落后地区，对旅游业增长速度更为看重，非沿海城市对入境旅游的增长速度的预测普遍较低。

空间布局：由于资源分布的不均匀，以及经济发展的不均衡，尤其是交通条件的差异性，导致旅游发展在空间布局上有所不同。交通发达地区结合高铁情况，对旅游发展进行空间布局，而交通不发达地区，则仍然以旅游资源作为空间布局的重要依据。

重点任务：旅游产品特色相关发展规划，包括由于自然条件形成的具有特色的旅游产品，如温泉、沿海、滨海景观及娱乐产品；由于区位条件、经济条件、交通条件所形成的特色旅游产品，如会议产品；由于人文特色，如民族多样性所形成的民族特色旅游产品等。

3. 创新性发展路径

旅游发展目标：突破以前以旅游为经济发展的手段，忽略旅游是改善人民生活水平的重要手段。

重点任务：不少省份提出从“景点旅游”向“全域旅游”模式转变，这是之前没有的发展规划。“旅游+互联网”也是相对创新的发展规划。

第四节 研究结论与创新点

一、研究主要结论

（一）旅游总体供给

通过将四川省旅游总体竞争力与全国其他省区市进行对比分析，可知四川省总体旅游竞争力较强，排第七位。但旅游者人数增长、酒店住宿业、入境旅游市场、旅游发展环境等方面影响了四川省旅游的竞争力。为此，需要转变旅游增长方式，注重旅游产品质量提升，加大旅游产业与其他产业融合协调发展力度，转型升级酒店企业经营管理方式，提高四川省旅游业总体竞争力。

（二）旅游目的地供给

首先对四川省旅游目的地进行分类，对四川省的 5 大旅游区、十大旅游目的地进行重点分析。采用产业集群理论、耦合协调度分析方法等，对 5 大旅游区进行逐一分析，得到不同旅游区旅游发展的特点，为各旅游区有针对性的发展路径提供参考。

（三）旅游产品供给

本书围绕旅游业供给侧结构性改革的核心内容——旅游产品，从旅游产品品牌、结构、内涵和效率四个方面对四川省旅游产品供给情况进行深入剖析，通过分析发现，四川省存在旅游产品层次总体偏低，旅游产品品牌建设不足等问题；在此基础上，从市场（重点市场、潜在市场和新兴市场），创新（新理论、新业态和新技术），发展模式（特色发展、协同发展和集聚发展），政策（政策保障、政策引导和政策促进）四个方面提出了总体改革路径，以提高旅游产品供给效果。

（四）旅游公共服务供给

构建旅游公共服务评价体系，对于了解当地旅游服务供给水平，进而改进旅游公共服务状态非常重要。通过对四川省各市州旅游公共服务供给数量、供给质量和供给效率进行全方位评价，从而得到各市州在旅游公共服务供给方面存在的短板，为各市州有针对性地改善旅游公共服务提供了客观依据。

（五）旅游政策供给

四川省旅游政策在发展方面总体比较好，但还是存在一些问题，这些问题主要体现在：结合四川省情的发展性政策待加强，即针对四川省旅游发展的特点，提出有针对性的发展政策；美食、购物、入境是四川旅游的短板；基础性领域的政策支持仍不足，体现在文化产业园、生态保护等政策支持不够具体；市场调整政策的灵活性有待提升；政策相关部门间的协调有待加强。

（六）城乡旅游

在城市旅游供给方面，完善路径主要有：依据相关标准，进一步创建和完善优秀旅游城市；提升城市休闲功能与旅游功能的融合度；提升城市旅游形象；完善城市旅游公共服务体系；进一步优化城市旅游产品供给模式。在乡村旅游供给方面，推动乡村旅游规模扩张与产业集聚；丰富和提高乡村旅游产品内涵；加强法律与政策的指引作用和推动作用；提升乡村旅游基础供给水平；加强新业态新技术供给。在旅游综合体方面，完善路径主要有：发挥旅游综合体理论对开发的指导作用；强化相关政策对旅游综合体的引导和扶持；注重人类新时代文化以及应用新科技；提高田园综合体的发展水平。

二、研究可能的创新点

（一）结合省情，构建体系

从目前的相关研究来看，有全国性和省域供给侧的研究。全国性供给侧的相关研究偏向于理论，有些想法和思路不适合所有省份；对省域供给侧的相关研究，主要集中在某一方面，如旅游产品、旅游公共服务、旅游政策等。本书则结合相关研究，构建了较为适合省域旅游供给侧研究的体系。

（二）宏观着眼，突出重点

省域旅游供给侧结构性改革是一个比较宏观的工程，为此，本书从旅游目的地和城乡旅游供给两个大的方向入手，在对旅游目的地进行系统分析的基础上，对旅游产品供给、旅游公共服务供给和旅游产业政策供给进行重点分析。对城乡旅游供给的分析，则从城市旅游供给、乡村旅游供给和旅游综合体三个方面进行。对省域旅游供给侧改革的分析既总体覆盖，又重点突出，更有利于研究成果的应用和推广。

（三）系统分析，力求准确

本书收集整理了大量数据，并从旅游供给数量、供给质量和供给效率三个维度，采用多种方法对旅游供给进行了客观评价，从而更准确、更深入地了解目前四川省旅游发展的特征、差异、存在的问题，为供给侧路径选择提供了较为可靠的依据。

（四）理论方法，注重实用

本书所采用的理论方法，主要是依据研究对象及研究目标的具体情况，如集群发展理论、耦合协调发展理论等，这些理论对于四川省旅游宏观战略的分析具有重要的作用。所选用的方法如投入产出法、产业结构分析法等，都适合对宏观问题、结构问题进行分析，有利于了解四川省旅游供给的内部结构情况。

第二章 旅游供给侧结构性改革概况

第一节 旅游供给侧改革背景

一、供给侧改革提出背景

2016年，供给侧结构性改革正式提出，为解决经济发展问题提供了理论指导。习近平在2016年1月26日下午主持召开的中央财经领导小组第十二次会议上强调，供给侧结构性改革的根本目的是提高社会生产力水平，落实好以人民为中心的发展思想。要在适度扩大总需求的同时，去产能、去库存、去杠杆、降成本、补短板，从生产领域加强优质供给，减少无效供给，扩大有效供给，提高供给结构适应性和灵活性，提高全要素生产率，使供给体系更好适应需求结构变化。

供给侧结构性改革有助于解决目前经济发展问题，提高经济发展质量。“供需错位”已成为阻挡中国经济持续增长的最大障碍。一方面，过剩产能所形成的低水平循环发展模式已成为制约我国经济转型升级的桎梏。另一方面，供需严重不配套，中低端产品过剩，高端产品供给不足，供给未能满足新时代需求变化。强调供给侧改革，就是要从宏观供给着眼，从结构调整入手，为真正满足和激发内需，为经济发展和质量提升注入新动力。

供给侧结构性改革上升为国家重要政策，为供给侧改革具体实施提供了保障。党的十九大报告提出：贯彻新发展理念，建设现代化经济体系中的第一点就是深化供给侧结构性改革。其中重点强调了“坚持去产能、去库存、去杠杆、降成本、补短板，优化存量资源配置，扩大优质增量供给，实现供需动态平衡”①。

供给侧结构性改革着重解决经济发展存在的重要问题，主要体现在六个领

① 习近平. 决胜全面建成小康社会 夺取新时代中国特色社会主义伟大胜利：在中国共产党第十九次全国代表大会上的报告，新华网，2017-10-27.

域。中国的结构性主要在产业结构、区域结构、要素投入结构、排放结构、经济增长动力结构和收入分配结构六个方面存在问题①。这六个方面的结构性问题交织在一起，既相对独立又相互叠加，需要系统分析，厘清相互间的结构关系，整体推进改革，才能有效解决供给侧存在的问题。

二、旅游供给侧产生背景

目前，我国旅游业发展势头良好，大众对旅游的需求在迅速增长。2014年，我国旅游业占 GDP 的比重为 10. 39%，至 2017 年达 11. 04%，一直呈稳步上升状态，2018 年继续上涨，达 11. 15%。但同时也要看到，目前我国旅游业供给的数量和质量都未能较好地满足旅游需求，如出境旅游市场方面的消费远大于入境旅游消费，这导致我国旅游供给与需求之间出现错位。为此，需要从供给侧进行积极改革，以适应旅游需求的变化。目前，我国旅游业的发展趋势如下：

消费大众化。根据相关资料，人均 GDP 超过 1 000 美元，大众型观光旅游的需求则急剧增长。根据世界银行的统计，2018 年，我国的人均 GDP 为 9 608 美元。此外，由于我国的交通等基础设施的完善，人们的支付能力和出游的便捷性大大提高，旅游成为大众日常消费的重要组成部分。

需求品质化。相关资料表明，人均 GDP 达到 2 000 美元，人们对休闲的需求急剧增长；人均 GDP 达到 3 000 美元，度假需求逐渐形成消费规模，体验旅游进一步凸显。2018 年，我国人均 GDP 为 9 608 美元，在消除物价因素外，已经完全具备了较高层次旅游产品的消费能力，对旅游产品消费品质的要求也明显提升。

竞争国际化。旅游业在国际竞争方面具有不可比拟的优势，一方面体现在创汇能力强而且污染小；另一方面，旅游业也是传播文化、提升文化自信的重要渠道。旅游业对于一个国家无论是物质财富的增长，还是精神财富的积累都具有非常重要的意义，是各国竞相发展的重要产业。

发展全域化。随着旅游业的进一步发展，旅游的范围不断拓展，边界逐渐模糊。旅游空间从传统的具有明显边界的景点拓展到更广大的无边界限制的区域，旅游开发领域从传统的旅游行业拓展到旅游行业与其他行业的融合开发与发展。

产业现代化。产业现代化主要体现在技术迅速普及、旅游相关人才的总体

① 李佐军. 准确把握供给侧改革［N］. 北京日报，2015-12-28.

素质迅速提高，无论是旅游产业相关的硬件，还是相关的软件，都紧跟时代要求，满足旅游新需求，有力促进了旅游产业的现代化发展。

第二节 旅游供给侧改革相关规划

一、旅游发展总体规划

（一）全国综合发展规划

旅游业作为我国经济的重要组成部分，历来得到重视。《中华人民共和国国民经济和社会发展第十三个五年规划纲要》（简称《“十三五”规划》）共19处提到了旅游，相关的章节有：第十章（拓展发展动力新空间）；第十八章（增强农产品安全保障能力）；第二十四章（加快推动服务业优质高效发展）；第三十五章（健全住房供应体系）；第三十七章（深入实施区域发展总体战略）；第四十章（扶持特殊类型地区发展）；第四十五章（加强生态保护修复）；第五十一章（推进“一带一路”建设）；第五十四章（支持香港澳门长期繁荣稳定发展）；第六十八章（丰富文化产品和服务）。尤其是第二十四章（加快推动服务业优质高效发展）第二节（提高生活性服务业品质）提到大力发展旅游业：深入实施旅游业提质增效工程，加快海南国际旅游岛建设，支持发展生态旅游、文化旅游、休闲旅游、山地旅游等。由此可见，“提质增效工程”是新时期我国旅游业发展的重要方向和重要任务，供给侧结构性改革正是推动这一工程实现的重要举措。

（二）四川发展规划

与四川省总体发展战略保持一致，才能确保四川省旅游业供给侧结构性改革的可行性，提升改革的有效性。2016年，四川省出台了《四川省人民政府办公厅关于印发五大经济区“十三五”发展规划的通知》。2018年，四川省第十一届委员会第三次全体会议审议通过了《中共四川省委关于深入学习贯彻习近平总书记对四川工作系列重要指示精神的决定》和《中共四川省委关于全面推动高质量发展的决定》。以上决定再次明确提出“一干多支、五区协同”区域发展新格局。其中“一干”是以成都为四川发展重点，以新发展理念为指导，建设国家中心城市，辐射和带动周边城市发展；“多支”指成都周边地市州组合形成的区域经济板块。通过“一干多支”发展战略，推动成都平原区、川南区、川东北区、攀西区和川西北区五片区协同发展，形成区域内集群发展的局面。《四川省"十三五"旅游业发展规划》则提出了与5大经济区对应的旅游目的地建设战略。

《四川省国民经济和社会发展第十三个五年规划纲要》(简称《四川省"十三五"规划》)对四川省旅游发展战略进行了总体规划与部署。在第十章(加快现代服务业发展)第三节(大力发展现代旅游业),对四川省旅游发展进行了总体布局:加快旅游资源开发和产品打造,促进旅游业与其他产业融合,以及旅游新业态的发展,构建现代旅游产业体系,加快建设旅游经济强省和世界重要旅游目的地。在优化旅游发展布局方面,主要有旅游目的地建设(大成都、大九寨、大峨眉、大香格里拉、G318/317川藏线、大攀西、大巴山、大川南等),以及精品旅游线路的打造(九环线、成乐环线、大熊猫生态文化、蜀道三国文化、川江水上旅游、攀西康养旅游、"长征丰碑"红色旅游、光雾山—诺水河巴山蜀水等)。推动川西地区全域旅游发展,推进与周边省市的合作。实施智慧旅游、乡村旅游扶贫、旅游厕所建设等重点工程,以及交通和公共服务体系的建设,提高旅游服务水平。强调从旅游资源、旅游目的地、旅游线路、全域旅游、旅游重点工程、旅游公共服务等几个方面加快四川省旅游发展。此外《四川省"十三五"规划》还在大数据(第十六章),互联网+(第十七章),区域协调发展(第十九章),夯实县域经济(第二十章),提升开放型经济水平(第三十二章),实施精准扶贫(第三十三章),推进民族地区、革命老区加快发展(第三十四章),加快文化产业发展(第三十八章),推进健康四川建设(第四十三章)中,提到了发展旅游的相关规划。

此外,从四川省旅游发展大环境看,省委、省政府明确提出,旅游是四川最大、最突出的优势,也是四川省供给侧结构性改革的重要组成部分。

二、全国旅游供给侧改革规划

(一)全国旅游发展规划总体分析

国务院制定的《"十三五"旅游业发展规划》是分析地区旅游发展措施的重要参考,也是建设旅游经济强省的重要参考。该规划总结了我国旅游业发展的趋势,其体现在五个方面:消费大众化、需求品质化、竞争国际化、发展全域化、产业现代化。

我国旅游业发展的四大成绩:一是旅游经济稳步增长。国内居民出游人次数年均增长10%左右,旅游总收入年均增长11%左右,旅游直接投资年均增长14%左右。二是综合效益显著提升。表现在旅游业对国民经济的综合贡献度达到12%以上,对餐饮、住宿、民航、铁路客运业的综合贡献率达到85%以上，年新增就业人数100万人以上。三是人民群众更加满意。旅游产品数量增加，品质提升；各种软硬件设施不断完善；相关制度和市场秩序进一步改善。四是国际影响力大幅提升。入境旅游和出境旅游健康协调发展。

发展总体战略方面：进一步落实“创新驱动、协调推进、绿色发展、开放合作、共享共建”发展理念，丰富旅游产品，优化空间布局。其中，在空间布局优化方面，主要涉及5大跨区域旅游城市群（与四川相关的是成渝旅游城市群）；20个跨区域特色旅游功能区（与四川省相关的有香格里拉民族文化旅游区、秦巴山区生态文化旅游区）、8大类特色旅游目的地建设（与四川省相关的有丝绸之路旅游带、长江国际黄金旅游带、长征红色记忆旅游带、藏羌彝文化旅游带、茶马古道生态文化旅游）；25条国家旅游风景道［与四川省相关的有川藏公路风景道（四川成都、雅安、康定、巴塘—西藏林芝、拉萨）、滇川风景道（云南楚雄—四川攀枝花、凉山、雅安、乐山）、香格里拉风景道（云南丽江、迪庆—四川稻城—西藏昌都）］；8大类特色旅游目的地（与四川省相关的有山岳旅游目的地：安徽黄山、山东泰山、四川九寨沟等，民俗风情旅游目的地：贵州黔东南、湖南湘西、新疆喀什、重庆黔江、四川阿坝等）。

（二）全国旅游供给侧改革分析

《“十三五”旅游业发展规划》对旅游供给侧结构性改革提出了明确的要求和战略规划。《“十三五”旅游业发展规划》的第一章（把握机遇　迎接大众旅游新时代）的第二节（“十三五”旅游业发展机遇）中提道：全国推进供给侧结构性改革有利于促进旅游业转型升级。通过市场配置资源和更为有利的产业政策，促进增加有效供给，促进中高端产品开发，优化旅游供给结构，推动旅游业由低水平供需平衡向高水平供需平衡提升。《“十三五”旅游业发展规划》的第二章（转型升级 明确旅游业发展新要求）的第一节（指导思想）中提道：高举中国特色社会主义伟大旗帜，全面贯彻党的十八大和十八届三中、四中、五中、六中全会精神，深入贯彻习近平总书记系列重要讲话精神，落实党中央、国务院决策部署，按照“五位一体”总体布局和“四个全面”战略布局，牢固树立和贯彻落实创新、协调、绿色、开放、共享发展理念，以转型升级、提质增效为主题，以推动全域旅游发展为主线，加快推进供给侧结构性改革，努力建成全面小康型旅游大国，将旅游业培育成推动经济转型升级、生态文明建设的重要引领产业，展示国家综合实力的重要载体，打赢脱贫攻坚战的重要生力军，为实现中华民族伟大复兴的中国梦做出重要贡献。

由此可见，进行供给侧结构性改革是新时代旅游发展的重要指导思想，也是推动地区旅游发展的重要机遇。

三、四川省旅游供给侧改革规划

（一）《四川省“十三五”旅游业发展规划》分析

《四川省“十三五”旅游业发展规划》结合“十三五”发展形势、指导思想、基本原则，提出进行旅游供给侧改革，并明确提出全面推进旅游供给侧结构性改革的主要措施。具体措施如下：

（1）以旅游理论和制度供给夯实旅游产业发展基础。完善“聚合观光、动态度假”旅游目的地发展模式，探索跨行政区域旅游资源和旅游要素整合，以住宿体系目的地化为突破口，探索围绕旅游要素打造目的地。完善旅游产业引导政策、区域政策、投资政策、消费政策、价格政策等协调配合的政策体系①。建立综合性旅游协调机制，创新旅游市场综合监管机制，构建统一开放、竞争有序的旅游市场体系。整合各方面智力资源，加强旅游基础研究，探索成立四川旅游智库。着力互联网时代现行政策不适应游客消费行为和市场需求变化的关键点和制约旅游目的地发展的难点等旅游基础理论、政策和重点、热点问题研究，开展顶层设计，有效发挥服务决策、创新理论、指导实践的作用。

（2）以旅游服务要素供给补齐旅游公共服务短板。结合“一带一路”倡议、长江经济带发展战略、新型城镇化政策，加快实现旅游交通无缝对接，持续推进旅游“厕所革命”，加大旅游城镇、村寨步行道、停车场、供水供电、垃圾污水处理、应急救援、信息网络、标志标识系统等设施的建设。优化旅游产业结构，提高旅游购物和娱乐在旅游总收入中的比重。

（3）以旅游产品和线路供给调整旅游产品结构体系。优化旅游产品结构，积极开发综合型、复合型、高附加值的旅游产品，满足多元化、个性化需求。促进旅游+互联网、新农村建设、大众创业、文化、休闲、研学、健康养老、房车自驾、运动、购物、交通、金融等在旅游业态、组织模式、商业形态、服务流程等方面的创新发展，鼓励发展精品酒店、主题酒店、乡村民宿，引导旅游消费。

由此可见，该规划为四川省旅游供给侧改革指明了方向，即在旅游理论和制度供给，旅游产品和线路供给，以及旅游公共服务供给等多个重要领域开展供给侧结构性改革。

---

① 程信和. 经济法通则原论［J］. 地方立法研究，2019，1（26）：54-55.

（二）《四川省旅游统计年鉴（2018）》分析

《四川省旅游统计年鉴（2018）》在开篇部分提到“深入推进供给侧结构性改革，弥合旅游发展短板”，具体内容为：2017年，全省以新技术、新业态、新模式、新平台为载体的旅游企业与项目层出不穷。全省新增1个国家5A级景区、25个国家4A级景区、7个省级生态旅游示范区、1个国家工业遗产旅游基地、13个国家（省）级森林公园、1个全国森林旅游示范市、2个全国森林旅游示范县，推荐上报华蓥山、宝山2个生态旅游区为国家生态旅游示范区，开展了第五批国家级和省级传统村落调查申报工作。2017年四川省出台了《四川省“十三五”旅游商品及旅游购物发展规划及行动计划》，实施“藏羌彝族文化产业走廊”发展战略，对标世界重要旅游目的地建设要求；出台了《四川省“交通+旅游”融合发展专项行动计划（2017—2020年）》，不断完善交通服务，尤其是通往红色景区的交通，其中，有14个红色旅游公路项目被纳入《全国红色旅游公路规划（2017—2020年）》。由此可见，《四川省旅游统计年鉴（2018）》对旅游供给侧结构性改革的成果总结为三个方面：一是积极发展旅游新技术、新业态、新模式、新平台；二是积极开发新的旅游资源；三是积极完善短板，如交通。

通过以上相关规划和年鉴可知：四川省将旅游供给侧改革作为旅游发展的重要任务，并提出了旅游供给侧结构性改革的具体要求，进一步明确了四川省旅游供给侧改革的方向和重点。

第三节　四川省旅游业发展现状

一、四川省旅游业“十二五”发展成果

（一）“十二五”旅游业发展目标和任务

《四川省“十二五”旅游业发展规划》中提到了“六大体系”的发展任务：

（1）产品体系。《四川省“十二五”旅游业发展规划》提出加快建设国家级、省级休闲度假旅游区，具体打造10大旅游度假区。提出加快各类资源景区化，截至2014年年底，新创建6个5A级旅游景区、73个4A级旅游景区、30个3A级旅游景区、49个2A级旅游景区、1个1A级旅游景区。《四川省“十二五”旅游业发展规划》提出要打造1个国际化旅游目的地城市（成都

市）、11 个区域性旅游目的地城市、8 条精品旅游线。

（2）服务体系。建设 10 条省级旅游购物街，开发 10 个大型特色文化演艺节目，建设 20 个具有地方特色的美食街、美食城，培育 10 家年旅游经营收入超过 5 亿元的大型旅游企业集团、50 家年旅游经营收入过 1 亿元的旅游企业“小巨人”。

（3）营销体系。强化四川旅游整体形象宣传；统筹发展四大旅游市场（突破入境、活跃省内、提升省外、引导出境）；健全旅游营销工作机制（形成省级及地方各级人民政府、部门、旅行社、景区、相关企业等共同参与的“产品、市场、销售一体化”宣传营销格局）；构建旅游品牌体系（旅游资源品牌化工程、旅游产品品牌、旅游节庆品牌、旅游商品品牌）；创新旅游营销渠道。

（4）基础体系。强化旅游立体交通建设；推进旅游信息化建设；加快建设旅游公共服务设施；加强旅游资源和生态环境的保护与建设。

（5）管理体系。建立大产业发展机制，加快旅游标准化建设，加强旅游诚信系统建设，推进旅游统计制度改革。

（6）保障体系。强化组织保障，加大政策保障，加强人才保障，健全安全保障。

（二）“十二五”旅游业发展成果

《四川省“十二五”旅游业发展规划》的实施取得了初步成效。总体而言，主要任务完成较好。旅游对全省经济的贡献持续提升，2013 年全省旅游实现增加值 1 901. 3 亿元，占 GDP 的比重为 7. 2%，比 2012 年提升 0. 4 个百分点。2014 年全省旅游业增加值占全省 GDP 的比重达到 7. 8%，比 2013 年提升 0. 6 个百分点，旅游业支柱产业地位进一步强化；全省共有 8 个市州旅游收入超过 200 亿元，其中成都市旅游总收入达到 1 662 亿元，乐山市旅游总收入超过 380 亿元；有 8 个市州旅游收入增速超过 30%；资阳、雅安、广安等地以国内客源市场为抓手带动区域旅游业发展，甘孜、凉山、攀枝花等地在入境游市场发力，入境旅游人数接待同比增幅超过 150%，旅游多点、多极发展格局逐渐形成。

（三）“十二五”旅游业发展的经验与问题

1. “十二五”旅游业发展的成功经验

“十二五”旅游业发展的成功经验主要体现在四个方面：一是政府主导是旅游业快速发展的关键。二是创新驱动是旅游业科学发展的有效途径。三是民生为先是旅游业统筹发展的核心追求。四是依法兴旅是旅游业健康发展的根本保障。五是旅游强县是旅游业持续发展的重要基础。

2.《四川省“十二五”旅游业发展规划》实施存在的问题

存在的问题主要体现在六个方面：①《四川省“十二五”旅游业发展规划》实施未考核。②入境旅游成短板。《四川省“十二五”旅游业发展规划》对入境旅游重视程度不够，所确定的入境旅游发展经济目标偏低。③产品转型升级不够。一是休闲度假旅游产品发展滞后，旅游度假区太少，即使在已评定的四川省首批13个省级旅游度假区中，有些度假区度假项目不丰富，度假产品特色不明显。二是旅游与文化融合不够，缺乏适应休闲娱乐市场的本土文化主题旅游园区和大型演艺节目。三是自驾游配套服务体系建设不够，未能满足自驾游日益增长的需求。④区域发展不平衡。如大成都旅游经济区一家独大，3个旅游经济带中，由于2012年4月雅攀高速通车，成雅攀旅游经济带成为热点；成绵乐城际铁路刚刚通车，对成绵乐旅游经济带的影响还未凸显；成渝旅游经济带发展也缺乏亮点。⑤旅游企业小散弱。2013年、2014年的中国旅游集团20强中，没有一家四川企业。四川旅游大企业较少。⑥服务质量待提升。在利益的促使下，仍有一些旅游企业不依法经营。应加大旅游执法检查和惩处力度，切实规范四川省旅游市场秩序和提高旅游服务质量任务艰巨。

二、四川省旅游业发展新成果

（一）2017年旅游发展状况

根据原国家旅游局提供的数据，2017年我国旅游总收入达到5.4万亿元，增长了15.1%；旅游业占GDP总量的比重达11.04%。2017年，四川省旅游总收入达8 923.1亿元，同比增长16.1%，高于全国旅游收入的增长速度。接待国内游客6.7亿人次，同比增长6.2%（A级景区旅游人次数为4.34亿人次）；国内旅游收入8 825.4亿元，同比增长16.1%。接待入境游客336.2万人次，同比增长9.9%；实现旅游外汇收入14.5亿美元，同比增长16.7%。全省旅行社组织出境游客167.1万人次，下降9.0%。2012—2017年，全省入境旅游人数基本保持稳定增长，其中，2017年入境旅游人次数为336.2万人次，同比增长9.9%。在旅游外汇收入方面，六年间年均增长率为12.63%，2017年实现旅游外汇收入14.5亿美元，同比增长16.7%。

四川区域旅游经济发展势头强劲；国际化旅游盛会吸金千亿元；积极推进旅游业供给侧结构性改革，进一步弥补了旅游发展的短板；深入推进全域旅游，进一步促进产业转型升级；积极提升公共服务水平，推动厕所革命；深入实施交通+旅游措施，推动红色旅游发展；深入实施旅游扶贫项目，将美丽幸福产业进行到底；同时新增了几处国家级旅游景区。此外在中国乡村旅游创客示范基地创建，国家工业遗产旅游基地创建，2017 年旅游业最美中国榜评选，2017 年中国品牌旅游商品评选中，四川省都取得了不错的成绩。

（二）2018 年旅游发展状况

2018 年，四川省实现旅游收入 10 112.75 亿元，首次突破万亿元大关。数据显示，2018 年，四川总计实现旅游总收入 10 112.75 亿元，同比增长 13.3%。其中，接待国内游客 7.02 亿人次，同比增长 4.9%；实现国内旅游收入 10 012.72 亿元，同比增长 13.5%。旅行社组织出境旅游达到 170.48 万人次，同比增长 2.1%。

总体而言，四川省在旅游收入方面增速高，但在旅游人次数方面增速较低，由此可见，单靠增加游客人次数越来越不可靠，需要在加大游客市场开拓的基础上，将旅游发展重心放到旅游发展质量上来。通过提升旅游发展质量，提供更多高质量的旅游产品，带动旅游收入持续高速增长。

第四节　四川省旅游业竞争力分析

一、旅游竞争力评价模型

旅游竞争力是分析和评价一个地区旅游业总体水平的有效途径。定量评价旅游竞争力的方法，主要是对指标及数据进行处理，处理方法多种多样，其中比较常见的有因子分析法、加权法、灰色关联法、Topsis 法、熵值法以及组合评价法。

（1）层次分析法（AHP）。姚世斌等用层次分析法（AHP）对四川旅游业竞争力综合指标体系进行了分析和评价，将旅游业竞争力综合评价的基本层次概括为旅游资源与产品条件、社会经济条件 、其他条件以及地区旅游业绩四个方面①。从评价指标的维度来看，虽然 4 个维度的名称和前面谢双玉等人的评价维度名称有所不同，但维度所涉及的内容基本是相同的。

（2）组合法。芮田生等对西部省区市采用因子分析法、加权法、灰色关联法、Topsis 法、熵值法等方法得到各研究对象的分值及排名，在此基础上通

① 姚世斌，胡伟，赵勇．四川旅游业竞争力综合指标体系评价［J］．安徽农业科学，2007，35（35）：11570-11571.

过组合分析，得到西部省区市的旅游竞争力情况。研究结果显示，2009 年，四川省旅游竞争力在西部排名第一①。

（3）因子分析法。谢双玉等选取 44 个评价指标，从现实竞争力、潜在竞争力和发展环境竞争力 3 个方面对我国各省区市的旅游竞争力进行了对比分析②。

张祥和胡静③采用因子分析方法，选取 3 个一级指标、11 个二级指标和 25 个三级指标，从现实竞争力、潜在竞争力和发展环境竞争力 3 个方面对我国省区市旅游竞争力进行了对比分析。其中，总评指标——旅游业综合竞争力 A 由三个部分组成：

（1）现实竞争力 B1，包括旅游需求现实竞争力 C1，住宿接待业现实竞争力 C2，旅游目的地现实竞争力 C3，旅行社业现实竞争力 C4 四个方面。

（2）潜在竞争力 B2，包括旅游需求潜在竞争力 C5，住宿接待业潜在竞争力 C6，旅游目的地潜在竞争力 C7，旅行社业潜在竞争力 C8 四个方面。

（3）发展环境竞争力 B3，包括自然环境竞争力 C9、社会经济环境竞争力 C10 和旅游政策环境竞争力 C11 三个方面。

二、四川省旅游竞争力评价

经统计分析，在旅游综合竞争力方面，我国综合竞争力第一梯队的省区市有广东、山东、北京、江苏、上海、浙江、四川、湖南、辽宁和河北。而 2014 年，我国综合竞争力第一梯队的省区市有广东、北京、浙江、江苏、上海、山东、四川、辽宁、安徽和湖南。由此可见，四川省的综合竞争力排名平稳，总体排在第七位。在现实竞争力方面，第一梯队的省区市有广东、山东、江苏、北京、浙江、四川、湖南、上海、辽宁和河南。在潜在竞争力方面，第一梯队的省区市有上海、北京、辽宁、天津、四川、贵州、重庆、黑龙江、福建和江苏。在发展环境竞争力方面，第一梯队的省区市有海南、湖南、山东、广东、北京、浙江、湖北、四川、广西和贵州。四川省旅游竞争力评价指标值如表 2-1 所示。

---

① 芮田生，阎洪. 西部十二省、自治区、直辖市旅游竞争力的组合评价［J］. 旅游科学，2011，25（3）：14-23.

② 谢双玉，冯娟. 2015 中国旅游业发展报告［M］. 北京：中国旅游出版社，2016：148-151.

③ 张祥，胡静. 2018 中国旅游业发展报告［M］. 北京：中国旅游出版社，2019.

表 2-1 四川省旅游竞争力评价指标值

因子层	指标	分值	排名
A	**综合竞争力**	1 198.56	7
B1	现实竞争力	372.70	6
C1	旅游需求现实竞争力	150.19	4
D1	旅游接待总人数	76.43	4
D2	旅游总收入	73.76	4
C2	住宿接待业现实竞争力	78.6	11
D3	住宿设施总数	48.76	10
D4	星级饭店利润	29.84	2
C3	旅游目的地现实竞争力	84.57	6
D5	景区旅游企业数量	37.16	5
D6	景区旅游企业利润	47.4	6
C4	旅行社业现实竞争力	59.34	11
D7	旅行社数量	17.4	23
D8	旅行社利润	41.94	4
B2	潜在竞争力	367.09	5
C5	旅游需求潜在竞争力	111.49	22
D9	旅游接待总人次增长率	33.73	27
D10	旅游总收入增长率	74.56	13
D11	入境游客人均花费	3.2	27
C6	住宿接待业潜在竞争力	45.91	19
D12	住宿接待业发展速度	24.78	28
D13	星级饭店全员劳动生产率	21.12	9
C7	旅游目的地潜在竞争力	66.35	3
D14	旅游目的地发展速度	2.17	15
D15	景区全员劳动生产率	64.18	2
C8	旅行社业潜在竞争力	143.34	5
D16	旅行社业发展速度	100	1

表2-1(续)

因子层	指标	分值	排名
D17	旅行社全员劳动生产率	43.34	8
B3	发展环境竞争力	458.77	8
C9	自然环境竞争力	246.05	12
D18	空气质量优良天数	62.8	17
D19	城市污水处理率	88.4	24
D20	生活垃圾无害化处理率	94.85	13
C10	社会经济环境竞争力	93.31	14
D21	经济发展水平	26.72	15
D22	年旅客周转量	48.81	11
D23	万人专利授权数	17.79	12
C11	旅游政策环境竞争力	119.4	9
D24	旅游管理机构	100	1
D25	政府工作报告提及“旅游”次数	19.4	9

从表 2-1 可知：

（1）四川省现实竞争力 B1 较强（位列第 6 位），但其中的住宿接待业现实竞争力 C2（位列第 11 位）和旅行社业现实竞争力 C4（位列第 11 位）则较弱。

（2）四川省潜在竞争力 B2 较强（位列第 5 位），但其中旅游需求潜在竞争力 C5（位列第 22 位）和住宿接待业潜在竞争力 C6（位列第 19 位）则较弱。

（3）四川省发展环境竞争力 B3 排名较靠后（位列第 8 位），其中自然环境竞争力（C9）位列第 12 位，社会经济环境竞争力（C10）位列第 14 位，旅游政策环境竞争力（C11）位列第 9 位。

三、四川省旅游总体供给短板

将四川省旅游竞争力与全国其他省域进行比较，可知四川省在旅游供给方面存在的短板主要体现在以下三个方面：

（一）旅游接待方面供给不足

由之前的分析可知，四川省住宿接待业现实竞争力 C2（位列第 11 位），旅行社业现实竞争力 C4（位列第 11 位），住宿接待业潜在竞争力 C6（位列第 19 位）等接待方面的竞争力存在不足，说明四川省的旅游供给的经济效益还不足。首先，问题产生的原因可以从价值创造能力的角度进行分析，如唐昭霞通过研究发现，2005—2010 年，在产业集群的价值创造能力方面，东部地区是西部地区平均值的 4.8 倍，而在增值能力方面，则是西部地区的 9.7 倍①。其次，四川省在生成要素的潜力方面排名非常靠后，说明生成要素如人力资源是相对落后的，不利于旅游业长期强劲发展。此外，四川省在社会经济环境方面也存在明显不足，这与四川省整体经济发展水平不高有一定关系。由此可见，四川省提高旅游竞争力，需要提高要素投入产出的效率；提高生产要素的供给质量，尤其是提高人力资源供给水平。

2017 年中国各省区市酒店企业利润分析如表 2-2 所示。

表 2-2　2017 年中国各省区市（不含香港、澳门、台湾地区）② 酒店业利润分析③

省区市	酒店利润/亿元	全国排名	省区市	酒店利润/亿元	全国排名
北京	257.0	2	河南	75.8	9
天津	24.2	22	湖北	57.0	12
河北	39.1	18	湖南	73.1	11
山西	20.0	24	广东	309.5	1
内蒙古	20.8	23	广西	45.4	14
辽宁	42.7	17	海南	76.3	8
吉林	15.3	28	重庆	43.5	16
黑龙江	17.5	26	四川	75.6	10
上海	184.9	4	贵州	31.8	21
江苏	136.1	5	云南	45.3	15
浙江	190.1	3	西藏	5.3	29
安徽	34.5	20	陕西	57.0	13
福建	87.9	7	甘肃	18.7	25
江西	35.9	19	青海	4.4	30
山东	105.1	9	宁夏	4.4	31
			新疆	16.7	27

① 唐昭霞. 西部旅游产业集群发展的问题与对策 [J]. 经济导刊，2011（8）：56-58.
② 本书统计数据均不含香港、澳门、台湾地区，后不再单独说明。
③ 中国统计年鉴 2018 [EB/OL]. http://www.stats.gov.cn/tjsj/ndsj/2018/indexch.htm.

（二）旅游需求拉动力减弱明显

四川省旅游需求潜在竞争力 C5（位列第 22 位），其中旅游接待总人次增长率 D9（位列第 27 位），旅游总收入增长率 D10（位列第 13 位），入境游客人均花费 D11（位列第 27 位）。随着四川省旅游基数增加，旅游增速相对放缓，同时，由于省外旅游竞争力的增强，四川省旅游需求增速明显放缓。此外，入境旅游一直是四川省旅游的短板，如表 2-3 所示。从表 2-3 可知四川省入境旅游人天数排在中游（第 16 名），入境旅游消费也排在第 16 位，但人均花费排在第 27 位，说明四川省旅游产品方面还存在不足，未能充分激发入境游客的消费欲望和消费动机。

2017 年中国各省区市入境旅游统计如表 2-3 所示。

表 2-3　2017 年中国各省区市入境旅游统计①

省区市	入境人天数	全国排名	省区市	入境人天数	全国排名
北京	16 879 964	4	河南	3 076 829	24
天津	15 249 348	6	湖北	9 267 815	14
河北	3 300 029	22	湖南	6 257 834	17
山西	1 747 596	26	广东	92 068 600	1
内蒙古	5 758 526	18	广西	11 112 871	11
辽宁	8 022 224	15	海南	3 242 622	23
吉林	3 506 755	21	重庆	10 455 520	12
黑龙江	2 341 428	25	四川	6 267 385	16
上海	23 880 154	3	贵州	690 224	28
江苏	13 888 725	7	云南	13 482 187	8
浙江	15 522 500	5	西藏	977 409	27
安徽	9 774 468	13	陕西	13 162 144	10
福建	35 298 328	2	甘肃	121 806	31
江西	3 600 447	20	青海	228 294.6	30
山东	13 445 406	9	宁夏	242 308	29
			新疆	3 612 728	19

① 中国旅游统计年鉴 2018 [M]. 北京：中国旅游出版社，2019.

2017年中国各省区市入境旅游消费统计如表2-4所示。

表2-4　2017年中国各省区市入境旅游消费统计①

省区市	旅游收入/百万美元	全国排名	省区市	旅游收入/百万美元	全国排名
北京	5 129.81	4	河南	661.55	22
天津	3 751.47	6	湖北	2 104.74	13
河北	578.69	24	湖南	1 295.37	17
山西	350.14	26	广东	19 960.40	1
内蒙古	1 245.56	18	广西	2 395.63	12
辽宁	1 778.06	15	海南	681.02	21
吉林	765.79	20	重庆	1 947.59	14
黑龙江	469.58	25	四川	1 446.54	16
上海	6 698.66	3	贵州	283.27	27
江苏	4 194.72	5	云南	3 550.33	8
浙江	3 586.44	7	西藏	197.51	28
安徽	2 880.78	10	陕西	2 704.40	11
福建	7 588.03	2	甘肃	20.86	31
江西	629.92	23	青海	38.29	29
山东	3 174.04	9	宁夏	37.63	30
			新疆	810.81	19

（三）在发展环境方面短板明显

四川省在经济发展环境方面，发展环境竞争力B3排名较靠后（位列第8位），而其中的自然环境竞争力C9（位列第12位）、社会经济环境竞争力C10（位列第14位），旅游政策环境竞争力C11（位列第9位）。旅游业与当地经济相互影响，一方面经济发展对旅游产生影响，另一方面旅游发展也在积极影响当地经济。因此，进一步加大旅游与当地经济的融合程度，进一步推动两者相互促进，应作为推动地方旅游经济发展的重要评价指标。

① 中国旅游统计年鉴2018［M］. 北京：中国旅游出版社，2019.

四、四川省旅游竞争力提升对策

（一）转变旅游增长方式

从之前的分析可知，四川省旅游人次数的增长率，以及游客人均消费水平在全国排名处于最末几位。因此，过去靠旅游人数增加来拉动旅游发展的途径需要进一步调整为人数增长与消费增长并重，即在通过市场营销继续扩大旅游人次数的同时，需要切实提高旅游产品、旅游服务的质量以增加旅游消费，这是目前四川省旅游发展的客观事实，是四川省旅游供给侧改革的重要着手点。

（二）加大海外市场营销

通过之前的分析可知，四川省在入境旅游市场方面，与四川省旅游总体竞争力的排名极不匹配。四川省总体的旅游竞争力位列全国第 7 位，而入境旅游的旅游的人次数方面位列全国第 16 位，人均消费则位列全国 27 位。由此可见，入境旅游市场是四川省旅游发展的一个短板，需要在旅游产品方面有针对性地设计受入境游客喜爱的旅游产品和旅游项目；加大海外市场宣传力度，提高四川省旅游资源在世界的知名度和影响力。

（三）加大旅游与其他行业融合发展力度

通过之前的竞争力分析可知，四川省在发展环境方面还存在短板，对四川省旅游发展有一定的不利影响。为此，可以考虑将旅游业与其他产业积极融合，提高旅游业与其他产业的融合发展、协同力度，提高发展环境对旅游业支持的力度和准度，从而为四川省旅游业持续发展提供更好的发展动力。

（四）淘汰与转型升级旅游酒店企业

由表 2-2 可知，四川省酒店住宿业的旅游利润全国排名第 10 位，落后于四川省旅游业总体竞争力。因此，现有酒店住宿业还需要进一步提升产品质量，淘汰部分产品质量较低的酒店，引导部分有潜力的酒店供给质量升级，推动部分酒店进行转型或者多元化发展，提高四川省酒店住宿业的总体竞争力。

五、本章结论

本章通过对旅游相关政策进行分析，进一步了解旅游供给侧结构性改革背景、改革方向和改革要求，包括旅游产品供给改革、旅游政策供给改革、旅游公共服务供给改革、旅游市场供给改革等。此外，通过对四川省旅游竞争力与全国其他省域进行比较，表明四川省旅游供给的经济效益还不足，尤其是酒店业方面的经济效益明显较低，需要采取多元化经营等形式“去库存”，增加酒店业经营效益。旅游需求拉动力减弱明显，游客增速在全国排名靠后，未来旅游发展需要在旅游产品品质上下功夫，才能保持旅游收入继续维持高速增长态势。在发展环境供给方面短板明显，社会经济环境和自然环境都有待进一步改善，这需要推动全域旅游发展理念，加大旅游产业与其他产业的融合力度，从而促进环境改善，为四川省旅游发展提供更好的环境。

第三章　四川省旅游目的地供给系统分析

第一节　四川省旅游目的地供给概述

一、旅游目的地供给概述

旅游目的地就是旅游者到达并逗留进行食、住、行、游、购、娱活动的一种地域空间，它汇集了各种旅游资源和以旅游者为经营对象的产业部门，是一种兼具旅游功能的特殊社区，也是整个旅游经济活动的主要支撑体系。其构成要素主要包括旅游吸引物、可进入性、设施和服务、辅助服务、预订服务（包价服务）和活动等①。

旅游目的地概念的范围跨度大，大到可以是跨国区域，小到可以是旅游城镇。旅游目的地概念既有内容安排的灵活性，又有空间布局的具体性，因此，在旅游策划中，既能作为战略部署进行宏观布局，又能通过具体空间将措施落到实处。旅游目的地概念涉及的要素多，具有极强的系统性，因此，合理规划旅游目的地可以准确把握旅游发展规律，切实推动旅游发展。正是由于旅游目的地概念具有以上的特点，因此，“旅游目的地”成为旅游规划中战略策划的重要着手点，也是本课题研究的重要着手点。

旅游目的地是一个综合体，涉及的要素多，相关研究的类型也多。如从地理学角度进行研究，包括对旅游目的地综合评价（包括旅游目的地吸引力研究和旅游目的地竞争力研究），旅游目的地空间结构；从市场学角度进行研究，包括旅游目的地形象，旅游营销（营销理论、营销系统、品牌塑造、营销策略）；从管理学角度进行研究，包括旅游目的地管理体制，旅游目的地开发模式，旅游目的地产品开发，旅游目的地可持续发展；从消费者行为学角度

① 程金龙. 新时期旅游目的地开发与管理［M］. 北京：科学出版社，2016.

进行研究，包括旅游者对旅游目的地选择，旅游目的地游客满意度。从人类学角度进行研究[①]，包括旅游对目的地社会文化影响研究、旅游目的地居民对旅游影响的感知研究。

旅游目的地的范围跨度大，以四川省而言，根据覆盖范围从大到小可以将旅游目的地分为：四川省和周边省区市构成的西南旅游区、四川省、四川省5大旅游区、四川省10大旅游目的地、四川省主要城市。旅游乡镇、度假旅游区、大型主题园等则属于旅游综合体，这些旅游综合体如果规模较大，其实也可以成为旅游目的地。可以说，旅游目的地覆盖了各类层次。四川省旅游目的地与旅游综合体层次关系如图3-1所示。

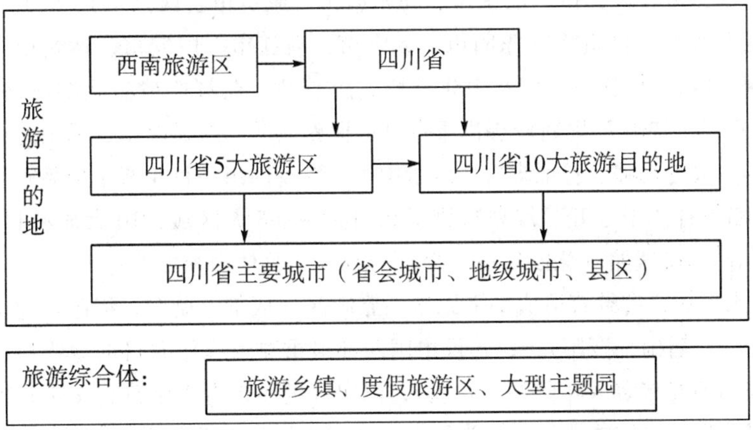

图3-1　四川省旅游目的地与旅游综合体层次关系

本章研究的具体对象是四川省5大旅游区域，主要是基于如下考虑：一方面，旅游目的地的研究有相似性，因此，一类旅游目的地的研究思路、研究方法等可以推及其余，为此选择对四川省旅游发展具有战略意义的5大旅游区（成都平原核心旅游区、川西北旅游区、川东北旅游区、攀西旅游区、川南旅游区）进行分析。另一方面，四川省10大旅游目的地由于行政范围不够具体，数据资料难以收集整理，需另外单独作为课题进行重点研究。对城市旅游目的地的研究，本书单独放在城乡旅游——城市旅游里面进行研究。

在研究维度方面，主要从三个方面进行研究，即从旅游目的地旅游供给的数量、质量和效益，着重分析旅游目的地相关要素：旅游资源、旅游产品、旅游市场营销、旅游目的地形象、旅游产业融合、旅游新业态新技术、旅游公共

① 马勇. 国内旅游目的地研究综述［J］. 世界地理研究，2008，17（1）：144-153.

服务、旅游政策等之间的关系。

在研究方法方面，最基本的方法是对比分析法，通过对旅游目的地横向或者纵向的比较，找出存在的问题，再通过区域旅游集群发展进行研究，找出各区域旅游集群发展的特点，从而针对不同的区域提出不同的发展路径，最后对旅游协调发展状况进行分析，采用的方法主要是耦合协调度分析法。

二、四川省旅游战略布局

《四川省“十二五”规划》提出要打造1个国际化旅游目的地城市（成都市），11个区域性旅游目的地城市（攀枝花市、泸州市、绵阳市、广元市、乐山市、南充市、宜宾市、巴中市、马尔康市、康定市、西昌市），9个特色旅游目的地城市（自贡市、德阳市、遂宁市、内江市、广安市、达州市、雅安市、眉山市、资阳市），以及100个特色旅游镇。在打造精品旅游线路方面，《四川省“十二五”规划》提出重点打造世界遗产、熊猫故乡、蜀山之王、蜀汉三国、大爱无疆、长征丰碑、醉游中国、发现四川一百年八条精品旅游线。

《四川省“十三五”规划》则提出打造——5大区域，10大旅游目的地，10大精品旅游线路（旅游发展“511”格局）。具体内容如下：

5大区域：持续打造成都平原核心旅游区（成都、德阳、绵阳、遂宁、乐山、雅安、眉山、资阳），以建设中国西部最重要入境旅游目的地为目标；巩固突破川西北旅游区（阿坝、甘孜），以建设世界级生态旅游和文化旅游目的地，民族地区全域旅游示范区为目标；全力拓展川东北旅游区（广元、南充、广安、达州、巴中），以建设秦巴山地生态旅游、红色旅游和山水休闲度假旅游目的地为目标；加速开发攀西旅游区（攀枝花、凉山），以建设国际阳光康养旅游度假目的地为目标；加快推进川南旅游区（自贡、泸州、内江、宜宾）建设，以建设南向国际旅游经济走廊为目标。

10大旅游目的地：大成都国际都市休闲旅游目的地、大峨眉国际度假旅游目的地、大九寨世界遗产旅游目的地、国道318/317川藏世界旅游目的地、大香格里拉—环贡嘎世界高山生态和文化旅游目的地、大香格里拉—环亚丁世界山地旅游目的地、秦巴山地度假旅游目的地、嘉陵江流域文化体验休闲旅游目的地、攀西阳光度假旅游目的地、川南长江流域度假旅游目的地。

10大精品旅游线路：按照国际一流标准，构建大熊猫国际生态旅游线、九环世界遗产线、成乐文化生态度假环线、国道318/317川藏最美景观旅游线、香格里拉文化与生态旅游线、蜀道三国文化旅游线、嘉陵江山水人文旅游线、秦巴南国冰雪旅游线、攀西阳光康养旅游线、长征丰碑红色旅游线10大精品旅游线路，以及沿精品线形成的系列支线、次线和小环线网络体系，串联5大区域、10大旅游目的地。

旅游目的地建设思路。《四川省世界旅游目的地规划》提出从七个方面建设旅游目的地：一是加快打造绿色旅游产品和线路，二是培育绿色旅游业态，三是推动绿色旅游全域发展，四是建设绿色旅游设施，五是强化绿色旅游服务，六是推进跨区域绿色旅游合作，七是加强新技术在旅游行业中的运用①。

通过对比，可以看出：

（一）《四川省“十三五”规划》未将城市作为旅游目的地

一方面，《四川省“十三五”规划》更加重视区域整合，力图通过区域整合提高旅游质量和区域影响力；另一方面，城市具有相对固定的行政管理体系，具有长期稳定的发展环境，所以未将城市作为新的旅游目的地列入战略发展。《四川省“十三五”规划》中旅游目的地的改变体现了四川省旅游发展战略的进一步提升。

（二）5大旅游区旅游项目空间布局总体比较协调

5大区域内都基本涉及旅游目的地和精品旅游线路，在自然旅游资源比较富集的川西地区，旅游目的地和旅游线路也相应较多。总体而言，5大区域内的旅游项目空间布局重点突出，详略得当，把四川省的优势资源放在重要位置，必将起到统领全局，有力带动四川旅游发展的作用。

三、四川省5大旅游区概况

5大旅游区相关规划与其主要旅游资源的概况如下。

（一）成都平原旅游区

《四川省“十三五”规划》中，成都平原旅游区的旅游目的地有两个（大成都国际都市休闲旅游目的地、大峨眉国际度假旅游目的地）。大成都国际都市休闲旅游目的地相关的旅游资源有文化旅游资源，如三星堆、金沙遗址、武侯祠、宽窄巷子、洛带古镇、黄龙溪古镇、都江堰等；现有的都市会展休闲购物等旅游资源；休闲度假等旅游资源，龙门山、龙泉山、三岔湖、龙泉湖和沱江等环成都山水休闲旅游带旅游资源。《大成都国际都市休闲旅游目的地规划》中提出构建“一山五区一带三环”的“1513”旅游发展布局。一山——

---

① 傅勇林．四川“三部曲”建设世界重要旅游目的地［EB/OL］．http://www.ctnews.com.cn/art/2017/9/11/art_231_10893.html

龙泉山城市森林公园；五区——中部国际都市文化休闲旅游区、东部新城山地田园休闲度假旅游区、西部生态康养休闲度假旅游区、南部国际都市会展旅游区、北部国际铁路港商贸旅游区；一带——龙门山生态旅游带；三环——熊猫休闲环城游憩带、锦城休闲环城游憩带、田园休闲环城游憩带①。

大峨眉国际度假旅游目的地。大峨眉国际度假旅游目的地以三城（乐山、雅安、眉山）为核心，以三大山（峨眉山、瓦屋山、大瓦山）为主要自然旅游品牌，以两江（岷江、大渡河）为拓展区，构建“聚合观光、动态度假”的旅游示范区。《大峨眉国际度假旅游目的地专项规划》提出构建“1331”旅游发展空间格局。一核——四山国际度假旅游核（峨眉山、大瓦山、瓦屋山、周公山）；三区——三大国际度假旅游区（乡村休闲旅游区、生态康养旅游区、文化体验旅游区）；三城——三大国际度假旅游支撑中心（乐山、眉山、雅安）；一带——青衣江滨水休闲度假旅游带②。

大蜀道国际旅游目的地。此外，旅游资源丰富的绵阳市和德阳市并没有相应的旅游目的地战略规划。根据相关学者建议，提出了《关于广元建设大蜀道国际旅游目的地的建议》，同时将大蜀道文化国际旅游目的地纳入四川省七大世界级旅游目的地体系。该旅游目的地涉及的城市有广元、南充、巴中、绵阳等地。

成都平原区主要涉及的精品旅游线路有四条（大熊猫国际生态旅游线、九环世界遗产线、成乐文化生态度假环线、蜀道三国文化旅游线），此外，国道318/317川藏最美景观旅游线也与成都平原区相连接。

（二）川南旅游区

川南旅游区的旅游目的地有一个（川南长江流域度假旅游目的地），涉及的精品旅游线路则未规划。《川南长江流域度假旅游目的地专项规划》提出构建“一核一带两区”的空间发展格局，“一核”即城市群休闲度假核，“一带”即长江水上度假旅游带，“两区”分别是乌蒙山地度假片区和穹窿山地度假片区③。

虽然没有规划精品旅游线路，但川南可以设计内江—隆昌—泸州—宜宾—

① 大成都国际都市休闲旅游目的地旅游专项规划［EB/OL］. http://www.sctp.cn/a/case/destination/2018/0821/202.html.

② 大峨眉国际度假旅游目的地专项规划［EB/OL］. http://www.sctp.cn/a/case/destination/2018/0821/205.html.

③ 川南长江流域度假旅游目的地专项规划［EB/OL］. http://www.sctp.cn/a/case/destination/2018/0821/203.html.

自贡—内江的环线，并借助川南城际铁路进行精品旅游线路的打造。此外，依托白酒品牌，还可以打造宜宾—泸州—茅台镇等白酒金三角跨省旅游精品线路。

（三）川东北旅游区

川东北旅游区的旅游目的地有两个（秦巴山地度假旅游目的地、嘉陵江流域文化体验休闲旅游目的地）。

秦巴山地度假旅游目的地主要的旅游资源有曾家山、八台山等10个南方滑雪场度假旅游区；光雾山、诺水河、巴山大峡谷等自然旅游资源；恩阳红色古镇、洋烈度假小镇等特色旅游小镇。《秦巴山地度假旅游目的地专项规划》提出构建七个重要旅游度假区——曾家山—明月峡景区、光雾山—米仓山景区、巴山大峡谷景区、空山—诺水河景区、唐家河—清溪古城景区、五峰山—海明湖景区、八台山—花萼山景区；三大旅游度假带——秦巴山南麓避暑度假带、嘉陵江（上游）康养度假带、大蜀道文化度假示范带；三大区域旅游目的地城市——广元康养旅游城、巴中森林度假城、达州山地休闲城；若干山地旅游度假城镇①。

嘉陵江流域文化体验休闲旅游目的地的旅游资源有阆中古城、昭化古城、相如故城等特色古镇；小平故里、朱德故里、川陕革命根据地等红色文化旅游资源；嘉陵桑梓等人文田园乡村旅游项目等。

涉及的精品旅游线路有三条（蜀道三国文化旅游线、嘉陵江山水人文旅游线、秦巴南国冰雪旅游线）。川东北旅游资源丰富，5A级旅游景区有四个：邓小平故居、朱德故居、剑阁旅游景区、阆中古城。

（四）攀西旅游区

攀西旅游区的旅游目的地有一个（攀西阳光度假旅游目的地），主要的旅游资源为泸沽湖、螺髻山等旅游景区，邛海国家级旅游度假区。

攀西旅游区涉及的精品旅游线路有两条（攀西阳光康养旅游线、长征丰碑红色旅游线）。

（五）川西北旅游区

川西北地区的旅游目的地有三个（国道318/317川藏世界旅游目的地、大香格里拉—环贡嘎世界高山生态和文化旅游目的地、大香格里拉—环亚丁世界

① 秦巴山地度假旅游目的地专项规划［EB/OL］. http://www.sctp.cn/a/case/destination/2018/0821/204.html.

山地旅游目的地），由于两条国道318/317相距甚远，因此，实际上川西北的旅游目的地可以分成四片。其中，大九寨世界遗产旅游目的地主要的旅游资源有九寨沟、黄龙、中查沟、达古冰山、白马王朗，以及大草原等自然旅游资源；藏传佛教、格萨尔王文化、嘉绒文化、北川新城、羌族碉楼、松潘古城等人文旅游资源。国道318/317川藏世界旅游目的地相关的旅游资源有沿线的遗址公园、大格聂等6个国际生态文化旅游区，碧峰峡等重要景区，打造中的沿线集自然观光、山地运动、文化体验、科普科考与体验度假等于一体的景观大道。大香格里拉—环贡嘎世界高山生态和文化旅游目的地主要的旅游资源有海螺沟5A级景区，燕子沟、雅加埂、贡嘎西坡、丹巴藏寨、亚拉雪山（中谷—台站沟）等自然和人文旅游资源。

川西北旅游区涉及的精品旅游线路有四条（九环世界遗产线、国道318/317川藏最美景观旅游线、香格里拉文化与生态旅游线、长征丰碑红色旅游线）。

四、旅游目的地供给评价模型

（一）旅游总体供给水平——旅游竞争力分析

旅游竞争力分析是分析和评价一个地区旅游业总体水平的有效途径。定量评价旅游竞争力的方法主要是对指标及数据进行处理。处理方法多种多样，其中比较常见的有因子分析法、加权法、灰色关联法、Topsis法、熵值法以及组合评价法等。谢双玉等采用因子分析法选取44个评价指标，从现实竞争力、潜在竞争力和发展环境竞争力三个方面对我国各省区市的旅游竞争力进行了对比分析①。由于本书主要对5大区域进行分析，涉及的地区少，而且资源水平存在明显的差距，因此不宜采用竞争力进行评价。

（二）旅游供给结构分析——旅游产业集群分析

增强旅游发展动力的一个重要途径是发展产业集群。相关的理论有波特的产业集群理论。波特将产业集群定义为：在某一特定领域中，在地理位置上集中，且相互联系的公司和机构的集合，并以彼此共通性和互补性相联结。影响一个地区竞争优势的关键要素主要涉及四个方面：生产要素条件、需求条件、相关和支持性产业、企业战略与竞争的时空背景。产业集群通过人际关系、面

① 谢双玉，冯娟. 2015中国旅游业发展报告［M］. 北京：中国旅游出版社，2016：148-151.

对面的交流、社会网络、社会资本等纽带将以上四个关键要素有机黏合在一起，从而提升了竞争优势①（迈克尔·波特，2002）。研究产业集群的一个重要途径是对产业价值链进行分析。产业链及产业链管理基于价值创造和价值增值流程原理，该原理对产业链上的成员进行合理分工，形成了比较系统的价值增值机制②。

（三）旅游供给协调性分析——旅游耦合协调性分析

确保旅游发展后劲的一个重要途径是协调产业间、地区间的发展。产业间的发展，如旅游与经济的融合状况可以通过旅游协调性来分析。本书主要分析四川省5大旅游区域内旅游产业与区域经济两个系统之间的协调性。分析协调性的方法主要是耦合评价。耦合二字源于物理学相关概念，通常指两个或者多个系统或运动形式相互作用，彼此影响的现象。耦合度用来描述这种相互作用影响程度的大小。耦合协调度则用来衡量系统间或要素间内部或外部要素间发展过程中和谐一致的程度，即体现协调程度的好坏③。通过对耦合度的分析，可以直观了解四川省5大旅游区内部是否协调，这也衡量了旅游与区域经济的融合程度。

（四）旅游目的地发展环境分析

旅游业作为一个关联性极强的综合性产业，非常容易受到外部各种环境因素的影响。这些环境因素既有自然环境因素，又有社会环境因素。对环境的影响可以从四个方面来进行分析：社会—文化、经济—市场、技术—生态、政策—法律（熊元斌，朱静，2006）④。

五、旅游目的地评价指标

构建基础性统计指标是了解旅游业发展状况的基础。其中，旅游业总体发展指标主要与旅游总量情况有关，是了解旅游发展最基本的数据指标；旅游业区域发展指标涉及旅游业整体发展状况的评价，是研究旅游产业供给情况的重要指标；旅游业发展环境指标，则涉及竞争环境、经济环境、生态卫生环境、社会环境、保障能力等。具体如下：

---

① 迈克尔·波特. 国家竞争优势［M］. 北京：中信出版社，2007.

② 唐昭霞. 西部旅游产业集群发展的问题与对策［J］. 经济导刊，2011（8）：56-58.

③ 周蕾，王冲，贾志永. 四川省旅游产业与区域经济耦合协调度研究［J］. 四川师范大学学报（自然科学版），2016（3）：444-449.

④ 熊元斌，朱静. 旅游产业发展环境构造分析［J］. 经济评论，2006（5）：72-77.

（一）旅游业总体发展评价指标

旅游业总体发展指标主要有：旅游业总收入、旅游业增加值，入境旅游人次数、国内旅游人数（人次数、居民出游率）、外国人入境旅游人数、旅游外汇收入、国内旅游收入、出境旅游人数、旅游外汇收入、直接就业人数。其中，旅游业增加值是非常重要的一个指标，该指标更客观地反映了旅游业所提供的全部增加值。此外，一个地区旅游发展的其他相关要素构成了衡量一个地区旅游业总体发展的重要指标体系。

（二）旅游目的地相关要素评价指标

旅游目的地相关要素评价指标是衡量地方发展措施实施情况及实施效果的重要指标。其主要包括以下几种指标：

旅游协调发展指标：区域旅游发展增速、区域旅游业与区域经济的协调性。

旅游集群发展参考指标：旅游和其他产业融合发展状况，如旅游扶贫等。

旅游市场参考指标：旅游目的地的吸引范围、旅游目的地经营状况。

旅游线路参考指标：旅游线路知名度和关注度、旅行社经营线路的收入及比例情况。

品牌建设参考指标：以上经营主体的知名度情况、游客评价、游客满意度情况等。

（三）旅游业发展环境评价指标

旅游业发展环境评价指标：周边地区经济和旅游发展情况、旅游资源和旅游产品特色、旅游市场状况等。

第二节　5大旅游区旅游产业集群发展分析

一、旅游产业集群发展研究现状

（一）旅游产业集群发展相关研究

提高区域旅游发展效率的一个重要途径是产业集群发展。相关的理论有波特的产业集群理论。自波特1998年提出“旅游集群”概念之后，旅游产业集群发展受到极大的关注，并出现大量相关研究。其中，对旅游集群比较有代表性的定义是夏正超和谢春山所做的定义：旅游产业集群是围绕特点区域的旅游吸引物形成的旅游核心产业、旅游依托产业、相关辅助机构以及旅游组织和教育培训机构在空间上的集聚，组成一个完整的旅游服务体系，这些主体基于旅游产业结网并互动，协同工作，创新旅游产品和服务，提高旅游产业竞争力①。旅游产业集群可以分为核心层、要素供应层和相关辅助层三个层面。核心层主要是对旅游市场起到吸引作用的旅游景区景点、旅游节庆活动及其他旅游产品；要素供应层主要是除景区外为游客直接提供服务的要素行业，如旅行社、酒店、餐饮、旅游商品、旅游娱乐、旅游交通等相关企业；相关辅助层则有相关产业（旅游策划、旅游金融、旅游保险等），辅助产业（旅游社会服务业、食品加工业、制造业、旅行设备业等）和支持组织（如旅游教育、旅游信息、旅游咨询等）组成。

（二）旅游产业集群特征与形成机制

旅游产业集群的特征有空间聚集性、部门专业性、外部经济性、功能互补性和环境共享性。其积极效应有外部经济效应、创新示范效应、区域品牌效应、产业联动效应和正反馈效应（自组织性、自我强化）。

产业集群形成的动力机制有外部规模经济和外部范围经济，创新需求和创新优势，集聚网络外部化，以及社会资本作用等机制。

（三）旅游产业集群类型

旅游产业集群根据不同的分类方法，可分为不同的类型：按照旅游产业链形态，可划分为垂直聚型、水平聚型和龙头带动型；按照集群发展模式，可划分为内生发展型和外力推动型；按照集群依托环境，可划分为景区依托型、城市依托型和社区依托型；按照集群空间形态，可划分为轮轴型、马歇尔式、网络式和龙头—网络式四种。政府对于旅游产业集群发展的重要意义在于补救旅游产业集群在市场失灵的情形。政府对于旅游产业集群的作用有通过政策法规，营造发展环境；主导区域营销，打造区域品牌；引导机构合作，搭建交流平台。

（四）旅游产业集群分析框架

从现有对旅游产业集群的分析来看，旅游产业集群的分析框架总体是比较确定的，即从旅游产业集群的核心层、要素供应层和相关辅助层三个层面进行分析。要素供给层主要是旅游的六要素，数据相对容易获取。由于辅助层涉及

① 夏正超，谢春山. 对旅游产业集群若干基本问题的探讨［J］. 桂林旅游高等专科学校学报，2007（4）：479-483.

的要素比较间接，因此较难进行分析。

旅游产业集群分析，一是分析现有三个层次现有的供给情况，二是分析未来的变化情况。其中，导致产业集群发展变化的因素是分析的重点，具体如图3-2所示。

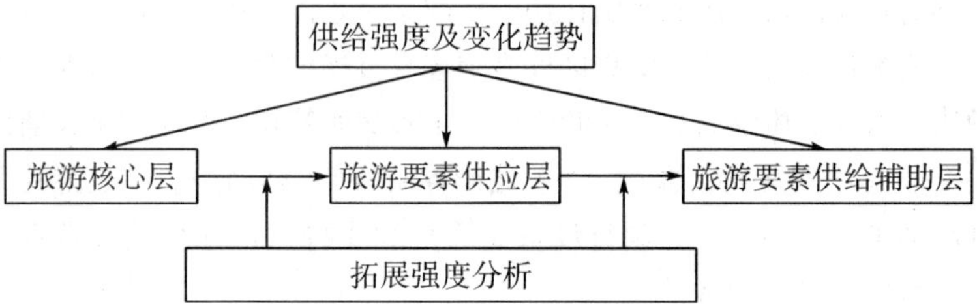

图 3-2　旅游产业集群分析框架

1. 旅游核心层吸引力的强度及变化情况

旅游核心层作为旅游产业集群发展的基础条件，对区域内旅游产业集群有决定作用。评价旅游核心层的指标是旅游核心层即旅游吸引物的吸引力强度及其变化情况。其中，旅游吸引物的吸引力强度可以用高等级景区的数量、主要景区的游客数和景区收入来进行衡量。旅游吸引物的变化情况可以根据景区游客人数、景区旅游收入的变化情况来进行衡量。此外，对5大区域之间旅游核心层的情况进行对比分析，如果本区域内的旅游强度和增速都不理想，区域内旅游要素则可能会流向其他区域，导致旅游产业集群发展不利。

2. 要素供应层和相关辅助层的供给强度及变化情况

旅游六要素是旅游活动的主要供应内容，即吃、住、行、游、购、娱，旅游六要素的供给情况与旅游核心层的供给强度息息相关；相关辅助层则为旅游六要素提供支撑。辅助层涉及的内容比较多、比较广，如政府部门、旅游管理公司、行业协会、信息通信、当地人力资源、当地卫生环境、当地人文环境、其他旅游相关企业如保险公司等。

3. 前后层次之间的匹配度与拓展强度分析

前后层次之间的匹配度即分析旅游核心层与要素供应层和相关辅助层前后两者的匹配情况，这是分析旅游产业集群发展的必要条件。前后层次之间的拓展强度分析则可以预测旅游产业集群形成的变化情况。

二、5大旅游区旅游发展概况

（一）四川省5大经济区与5大旅游区简介

2016年，四川省正式编制和印发5大经济区发展规划，进一步明确了各区域的发展目标和战略定位。该规划是全省“十三五”规划体系的重要组成部分。四川省政府办公厅印发的《成都平原经济区2017年工作要点》《川南经济区2017年工作要点》《川东北经济区2017年工作要点》《攀西经济区2017年工作要点》《川西北生态经济区2017年工作要点》为5大经济区发展绘制了工作实施“路线图”。通过实施跨区域旅游规划，实现了区域内旅游系统各要素在地区间重新配置、优化组合，形成规模更大、结构更佳、品牌更高的旅游目的地①。

其中，成都平原经济区包括成都、德阳、绵阳、乐山、眉山、资阳、遂宁、雅安8市；川南经济区包括自贡、泸州、内江、宜宾4市、28个县（区）；川东北经济区包括广元、南充、广安、达州和巴中5市、34个县（市、区）；攀西经济区包括攀枝花市和凉山州2市（州）、22个县（区）；川西北生态经济区包括甘孜州和阿坝州。

根据四川省经济发展的总体布局，四川省旅游发展相关规划也进行了调整，与经济发展保持一致——明确提出发展5大旅游区，与5大经济区相一致。其中《四川省人民政府关于进一步加快旅游业改革发展的意见》（2016年11月30日印发）中明确提出构建5大旅游区、10大旅游目的地和10大旅游精品线路。《四川省“十三五”旅游业发展规划》（2017年04月22日印发）围绕旅游产业过万亿元和建设世界重要旅游目的地两大目标，打造5大旅游区、10大旅游目的地、10大精品旅游线路。

（二）5大旅游区发展状况

2017年5大旅游区旅游发展情况如表3-1所示。

表3-1　2017年5大旅游区旅游发展情况

经济区	常住人口/万	GDP/亿元	人均GDP/万元	游客量/万人次	占比	入境人次/万	占比/%	旅游收入/亿元
成都平原	3 798. 56	23 378. 87	6. 15	26 845. 55	61. 83	304. 24	74. 64	5 688. 79
川南	1 550. 23	6 087. 6	3. 93	4 445. 34	10. 24	18. 54	4. 59	1 584. 78
川东北	2 133. 44	5 919. 22	2. 77	7 696. 07	17. 72	58. 83	14. 58	1 524. 25
攀西	607. 13	2 625. 16	4. 32	2 807. 17	6. 46	3. 17	0. 79	640. 36
川西北	212. 64	556. 66	2. 62	1 627. 06	3. 75	21. 82	5. 41	398. 94

①　葛全胜，席建超. 新常态下中国区域旅游发展战略若干思考［J］. 地理科学进展，2015，34（7）：793-799.

旅游A级景区：2017年，四川省A级景区共接待游客约4.34亿人次，同比增长12.94%；A级旅游景区实现经营收入约585.76亿元，同比增长23.11%；而门票收入为48.98亿元，同比下降6.34%①。

2017年四川省各级景区发展情况如表3-2所示。

表3-2　2017年四川省各级景区发展情况表

景区级别	数量	接待游客量		入境人次		景区总收入/万元		门票收入/万元		权重
		万人次	同比/%	万人次	同比/%	金额	同比/%	金额	同比/%	
5A	12	3 694.58	-3.08	82.28	6.61	610 416.74	20.33	200 438.06	-20.53	14
4A	235	26 627.04	16.37	276.73	12.87	4 434 869.08	27.43	266 640.83	6.94	5
3A	119	7 884.59	29.06	38.66	50.37	526 169.03	39.02	18 802.06	14.35	2
2A	111	4 828.45	-10.09	5.93	-13.3	270 607.63	-27.56	3 949.15	-20.85	1
1A	2	386.53	41.17	—	—	15 509.00	-15.57	—	—	1
		43 421.19	12.94	403.6	13.72	5 857 571.48	23.11	489 830.10	-6.34	

三、5大旅游区旅游产业集群发展分析

（一）旅游核心层的吸引力的强度及变化情况

1. 旅游核心层选择依据

本书对5大区域A级旅游景区收入情况、旅游人次数及其增长情况进行分析。A级旅游景区具有代表性，主要是基于如下原因：2017年A级景区旅游人次数约4.34亿人次，总的旅游人次数则为6.73亿人次（国内游客6.7亿人次，入境游客336.2万人次），由此可见，A级景区旅游人次数占总旅游人次数的约64%，占总数一半以上，因此，A级景区旅游情况能很大程度反映核心层——旅游吸引物的发展情况。

对四川省A级景区进行统计，得到的结果如表3-3所示。

表3-3　2017年四川各级景区发展情况表

景区级别	数量	接待游客量		入境人次		景区总收入/万元		门票收入/万元		权重
		万人次	同比/%	万人次	同比/%	金额	同比/%	金额	同比/%	
5A	12	3 694.58	-3.08	82.28	6.61	610 416.74	20.33	200 438.06	-20.53	14
4A	235	26 627.04	16.37	276.73	12.87	4 434 869.08	27.43	266 640.83	6.94	5
3A	119	7 884.59	29.06	38.66	50.37	526 169.03	39.02	18 802.06	14.35	2

① 白骅. 四川省旅游景区管理协会明确年度重点工作［N］. 中国旅游报，2018-04-26.

表3-3(续)

景区级别	数量	接待游客量		入境人次		景区总收入/万元		门票收入/万元		权重
		万人次	同比/%	万人次	同比/%	金额	同比/%	金额	同比/%	
2A	111	4 828.45	-10.09	5.93	-13.3	270 607.63	-27.56	3 949.15	-20.85	1
1A	2	386.53	41.17	—	—	15 509.00	-15.57	—	—	1
		43 421.19	12.94	403.6	13.72	5 857 571.48	23.11	489 830.10	-6.34	

从表 3-3 可得出如下结论：

（1）中高等级旅游景区经营模式在进一步优化

根据旅游景区游客接待量、旅游景区收入和门票收入增速的关系，可以了解一个区域旅游产业发展的情况。最低层次的旅游发展是以门票为主，进而是以景区收入为主，较高层次的旅游发展是以旅游综合收入为主。其中旅游综合收入可以用游客接待量和旅游收入来衡量。

从表 3-3 可知，3A 级及以上旅游景区，门票收入增速小于游客接待量增速小于景区总收入。其中 5A 级旅游景区在经营总收入增长的同时出现门票收入下降的情况，可见，5A 级旅游景区在门票收入之外的综合效益有显著增长。此外，4A 级和 3A 级旅游景区的门票增速也没有景区总收入增长快，这也表明高等级的旅游景区的经营模式在显著优化。

（2）3A 级及以上旅游景区才能盈利

从上表可知，A 级和 2A 级景区总收入总体负增长，这也说明了低等级旅游景区的经济效益在下降。这也表明，总体而言，3A 级及以上的旅游景区才具有明显的盈利性，对外地游客才具有吸引力，对旅游产业集聚的作用也更明显。

2. 5 大区域 5A 与 4A 级景区数量差异明显

核心层由旅游吸引物（旅游景区景点、旅游节庆活动及其他旅游产品）构成，根据之前的分析，3A 级及以上景区具有明显的经济效益，因此，本书对各区 5A 级及 4A 级旅游景区的数量进行统计。具体如表 3-4 所示。

表 3-4　5 大旅游区重要旅游景区统计表（截至 2018 年 12 月 30 日）

旅游区域	5A 级旅游景区	4A 级旅游景区
成都平原	4 个：青城山—都江堰旅游景区、峨眉山风景名胜区、绵阳市北川羌城旅游区、乐山大佛景区	112 个
川南	无	37 个

表3-4(续)

旅游区域	5A 级旅游景区	4A 级旅游景区
川东北	4个：广安市邓小平故里旅游区、南充市阆中古城旅游区、朱德故里景区、广元市剑门蜀道剑门关旅游区	60个
攀西	无	11个
川西北	4个：九寨沟风景名胜区、阿坝州汶川特别旅游区、黄龙风景名胜区、四川省甘孜州海螺沟景区	23个

通过上表可知，5大区域的核心层高等级旅游资源的差异比较明显，其中成都平原、川东北和川西北在5A级旅游景区方面占有绝对优势。

3. 各区域旅游景区总体评价

2017年四川省5大旅游区A级景区发展情况如表3-5所示。

表3-5　2017年四川省5大旅游区A级景区发展情况

经济区	A级景区			人均景区消费		旅游总人次、总收入		
	游客量占比/%	景区收入占比/%	门票收入占比/%	人均景区支出/元	人均门票支出/元	旅游总人次占比/%	旅游总收入占比/%	非景区收入占比/%
成都平原	61.83	60.15	59.44	131.24	10.85	50.61	57.83	57.68
川南	10.24	4.41	6.66	58.17	7.33	18.83	16.11	16.85
川东北	17.72	17.87	14.34	136.00	9.12	18.80	15.49	15.34
攀西	6.46	10.70	3.53	223.36	6.16	7.02	6.51	6.24
川西北	3.75	6.86	16.03	247.13	48.25	4.75	4.06	3.88

从表3-5可以进行如下分析：

(1) 旅游景区经营结构分析

总体而言，旅游景区的经营结构是否优化，直接体现在门票收入与景区总收入的比例关系上，在此体现在两者的占比上，即当门票收入占比小于景区总收入占比，则说明景区的经营结构较好。从上表可知，成都平原区、川东北区和攀西区的旅游景区经营结构比较优化，而川南区和川西北区则在景区经营结构方面表现欠佳。

(2) 旅游景区资源吸引力分析

旅游景区资源吸引力体现在游客接待量占比与景区总收入占比的关系上，如果游客接待量占比小于景区总收入占比，则景区的资源吸引力比较强。由此来看，川西北区、攀西区旅游景区旅游资源吸引力较强，其次是川东北区和成都平原区，川南区的旅游景区旅游资源吸引力强度则偏弱。

（3）旅游景区市场吸引力分析

旅游景区市场吸引力体现在游客接待量占比与景区总收入占比的关系上，如果某区域游客接待量占比大于景区总收入占比，则说明该区域内旅游景区市场吸引力较强。由此可知，川南区的旅游市场吸引力相对较强。

（4）5 大区域旅游景区特点分析

首先，通过以上分析可知，旅游资源吸引力和旅游市场吸引力之间有一定的此消彼长的关系。其实这也不难理解，资源品质相对高，则价格高，购买的人相对较少。由此可见，最佳的情况是这两者匹配起来。从上面的分析可以看出，成都平原区和川东北区域这两者的关系协调性较好，所占比重比较接近。虽然攀西和川西北的旅游资源品质较高，但相对较高的价格显著降低了消费者的购买欲望。而川南区的旅游资源相对弱一些，但相对较低的景区消费显著吸引了更多消费者。这也为各区域根据景区特点进行有针对性的开发提供了依据和思路。

（5）旅游景区吸引强度分析

如果某区域景区游客量占比大于旅游总人次占比，或者景区收入占比大于非景区收入占比，则说明该区域旅游景区的市场吸引力和市场盈利能力较强。由表 3-5 可知，成都平原区这两个指标都达到了，说明该区域的旅游景区吸引力较强。川东北区、攀西区和川西北区则在收入方面体现出景区的盈利能力较强。

（二）要素供应层供给强度及变化情况

从 2017 年的数据看，四川省全年实现旅游总收入 8 923.1 亿元，同比增长 16.1%。接待国内游客 6.7 亿人次，同比增长 6.2%。由此可见，旅游人次数没有旅游收入增长快。旅游人次数直接影响景区门票和景区旅游总收入，在旅游人次数增长 6.2%的情况下，总收入则增长了 16.1%，由此可见，相对于核心层收入的增加，四川省要素供应层和相关辅助层供给的效益提高更明显。

2017 年四川省 5 大旅游区旅游发展情况如表 3-6 所示。

表 3-6　2017 年四川省 5 大旅游区旅游发展情况

区域编号	城市名称	旅游人次数/万人	旅游收入/亿元	平均消费/元
1	成都市	20 703.81	2 946.24	1 423.042
1	德阳市	3 341.13	284.91	852.735 5
1	绵阳市	5 292.32	533.14	1 007.384
1	遂宁市	4 356.51	385.19	884.171

表3-6(续)

区域编号	城市名称	旅游人次数/万人	旅游收入/亿元	平均消费/元
1	乐山市	5 100.80	765.72	1 501.176
1	眉山市	4 356.60	356.65	818.643
1	雅安市	3 192.25	255.05	798.966 2
1	资阳市	2 243.85	161.89	721.483 2
	合计	48 587.27	5 688.79	1 170.84
2	自贡市	4 025.54	340.90	846.842 9
2	泸州市	4 934.58	441.82	895.354 8
2	内江市	3 898.55	263.35	675.507 6
2	宜宾市	5 218.36	538.71	1 032.336
	合计	18 077.03	1 584.78	876.681 6
3	广元市	4 514.47	334.56	741.083 7
3	南充市	4 796.50	458.02	954.904 6
3	广安市	3 879.23	350.71	904.071 2
3	达州市	2 232.99	171.08	766.147 6
3	巴中市	2 630.00	209.88	798.022 8
	合计	18 053.19	1 524.25	844.310 6
4	攀枝花市	2 317.44	279.28	1 205.123
4	凉山彝族自治州	4 419.22	361.08	817.067 3
	合计	6 736.66	640.36	950.560 1
5	阿坝藏族羌族自治州	2 904.29	234.63	807.873 9
5	甘孜藏族自治州	1 651.42	164.31	994.961 9
	合计	4 555.71	398.94	875.692 3

通过对四川省5大区域内的A景区经营情况与旅游总体发展情况的对比分析，得到表3-7。

表 3-7　2017 年四川 5 大旅游区旅游发展情况

经济区	A 级景区			旅游总体情况		
	游客量占比	景区收入占比	门票收入占比	旅游总人次占比	旅游总收入占比	非景区旅游收入占比
成都平原	61.83	60.15	59.44	50.61	57.83	57.68
川南	10.24	4.41	6.66	18.83	16.11	16.85
川东北	17.72	17.87	14.34	18.80	15.49	15.34
攀西	6.46	10.70	3.53	7.02	6.51	6.24
川西北	3.75	6.86	16.03	4.75	4.06	3.88

通过表 3-7 可以进行如下分析：

1. 区域内要素供应层与景区盈利能力对比分析

如果景区收入占比小于非景区旅游收入占比，则说明要素供应层相对景区而言，其盈利能力较强，反之则较弱。由此可知，只有川南区满足此要求，即川南区旅游供应层的盈利能力较强。

2. 区域间要素供应层盈利能力对比分析

如果某区域非景区旅游收入占比大于旅游总人次占比，则说明要素供应层的绝对盈利能力较好，同时说明，该区域要素供应层具有集聚效果。由上表可知，成都平原区满足该条件，这说明成都平原区的要素供给层在 5 大区域中，盈利能力较强，产业集聚的效果比较显著。

3. 5 大旅游区供给强度分析

根据之前的分析，对 5 大旅游区进行总结得到表 3-8 的结果。

表 3-8　5 大区域旅游要素供应层强度分析

序号	地区	区域内要素供应层相对景区盈利能力	区域间要素供应层盈利能力
1	成都平原	低于景区盈利能力	盈利能力较强
2	川南	高于景区盈利能力	盈利能力较弱
3	川东北	低于景区盈利能力	盈利能力较弱
4	攀西	低于景区盈利能力	盈利能力较弱
5	川西北	低于景区盈利能力	盈利能力较弱

由此可见，5大旅游产业集群发展有如下三种发展情况：

（1）旅游核心层（以景区为主）的盈利能力超过旅游要素供应层的盈利能力，供给层的盈利能力较强，对应的区域为成都平原区；

（2）旅游核心层（以景区为主）的盈利能力超过旅游要素供应层的盈利能力，供给层的盈利能力也较弱，对应的区域为川东北区、攀西区和川西北区；

（3）旅游核心层（以景区为主）的盈利能力低于旅游要素供应层的盈利能力，供给层的盈利能力较弱，对应的区域为川南区。

（三）旅游核心层对要素供应层延伸消费系数分析

景区延伸消费系数表明了旅游景区支出与非旅游景区消费的比例关系，由于游客出游游览景区不一定是主要动机，因此，不宜采用拉动系数来描述这两者的关系，而应采用延伸消费系数，表明两者之间有关系，但不一定是因果关系。其中，景区延伸消费系数的公式为

景区延伸消费系数=人均非景区旅游消费/人均景区支出

根据该公式，得到五个区域旅游核心层对要素供应层的延伸消费系数，结果如表3-9所示。

表3-9　2017年四川5大旅游区旅游发展表

经济区	人均景区支出/元	人均旅游消费/元	非景区人均消费支出/元	景区延伸消费系数
成都平原	131.24	1 170.84	1 039.6	8.92
川南	58.17	876.681 6	818.511 6	15.07
川东北	136.00	844.310 6	708.310 6	6.21
攀西	223.36	950.560 1	727.200 1	4.26
川西北	247.13	875.692 3	628.562 3	3.54

由此可见，川南区景区的延伸消费系数最大，其次是成都平原区、川东北区、攀西区和川西北区，说明川南区非景区旅游要素供应层的消费比重最大。需要注意的是，川南区景区内的人均消费非常低，不到成都平原区对应消费的一半。因此，各区域的旅游产业集群发展途径应各有侧重，选择适合自身特点的发展路径。

第三节　5大旅游区协调发展分析

一、耦合协调度研究概况

（一）耦合协调度相关研究

Khan和Lee与Kwon采用协整理论对旅游业与经济的相关性进行了分析，结果表明，旅游产业对经济发展的影响作用显著[①]。余洁用耦合协调度模型对山东省17个市进行研究，结果表明，除青岛市外，其他地区协调度较低[②]。杨松茂和任燕则采用耦合协调模型对陕西省旅游和经济的协调关系进行了分析[③]。旅游与经济和交通耦合关系的研究有：生延超、姜嫣、高楠等对湖南省等进行的对比分析；王永明、毕丽芳、余菲菲等通过模型分析发现，旅游与交通的耦合互动效应显著，交通滞后是当地耦合协调度提升的主要障碍[④]。

（二）熵权TOPSIS法

熵值法：熵的概念是德国物理学家Xlausis和Boltgman首先提出来的，熵值法是根据不同评价对象各指标数据的差异程度来确定权重的方法。某项指标，如果不同评价对象的数据相差比较大，则其权重就大；反之，权重则小。熵值法的应用非常广泛，如经济效益、企业绩效等。相关的研究如Zhang等采用熵值法对长江流域主要城市旅游竞争力进行分析[⑤]。

首先将前面的指标标准化，采用极差法对原始矩阵进行标准化处理，极差

① LEE C，KWON K. Importance of secondary Impact of tourism receipts on the South Korea Economy［J］. Joumal of Travel Research，1995，（34）：50-54.

② 余洁. 山东省旅游产业与区域经济协调度评价与优化［J］. 中国人口·资源与环境，2014，24（4）：163-168.

③ 杨松茂，任燕. 陕西旅游产业与区域经济耦合协调发展度研究［J］. 统计与信息论坛，2013，28（3）：76-81.

④ 王永明，马耀峰. 城市旅游经济与交通发展耦合协调度分析：以西安市为例［J］. 陕西师范大学学报（自然科学版），2011，39（1）：86-90. 毕丽芳，马耀峰. 交通通达性与省域旅游经济的耦合协调度分析：以云南省为例［J］. 西安财经学院学报，2013，26（1）：124-128. 余菲菲，胡文海，荣慧芳. 中小城市旅游经济与交通耦合协调发展研究：以池州市为例［J］. 地理科学，2015，35（9）：1 116-1 122.

⑤ Zhang H，Gu C L，Gu L W，et al. The evaluation of tourism destination competitiveness by TOPSIS & information entropy：A case in the Yangtze River delta of China［J］. Tourism management，2010，32（2）：443-451.

公式为：若 X_{ij} 是正向指标，则 $x_{ij}=(X_{ij}-\alpha_{ij})/(\beta_{ij}-\alpha_{ij})$；若 X_{ij} 是负向指标 $x_{ij}=(\beta_{ij}-X_{ij})/(\beta_{ij}-\alpha_{ij})$，得到标准化矩阵 $x=(x_{ij})_{m\times n}$。n 为方案，m 为评价指标。

为避免 x_{ij} 自然对数无意义，采用指标平移法对标准值进行处理，即规定 $x'_{ij}=\dfrac{1+x_{ij}}{\sum_{i=1}^{n}(1+x_{ij})}$。

计算指标熵值：

$$E_j=-\frac{1}{lnn}\sum_{i=1}^{n}(x'_{ij}ln\,x'_{ij})\quad (i=1,\ 2,\ \cdots,\ n;\ j=1,\ 2,\ \cdots,\ m)$$

确定指标权重：

$$\rho_j=(1-E_j)/\sum_{j=1}^{m}(1-E_j)$$

这个权重表明了每个指标在整个指标中的相对重要性，将每个评价对象每个指标的得分乘以对应指标的权重，即得到每个评价对象的得分，得分越高，则表明该评价对象越优。

（三）耦合协调模型

耦合度和耦合协调度是评价要素间相互关联和协同程度的重要方法。借鉴旅游产业与旅游环境之间的耦合协调度的相关研究①，此次研究分别构建旅游与区域经济，旅游与交通，以及旅游与交通、区域经济的耦合度模型。步骤如下：

根据熵权 TOPSIS 法得到的权重，计算出 5 大旅游区旅游、交通和区域经济的贴进度，分别用 U_1、U_2 和 U_3 表示。U_1、U_2 和 U_3 计算如下：

首先，建立标准化权重矩阵：$\boldsymbol{Y}=(Y_{ij})_{n\times m}=(\rho_j\times x_{ij})_{n\times m}$

然后确定正理想解和负理想解：正理想解 y^+ 由 $\boldsymbol{Y}$ 中每一列的最大值构成，$y^+=(\max Y_{i1},\ \max Y_{i2},\ \cdots,\ \max Y_{im})$，$i=1,\ 2,\ \cdots,\ n$。负理想解 y^- 由 $\boldsymbol{Y}$ 中每一列的最小值构成，$y^-=(\min Y_{i1},\ \min Y_{i2},\ \cdots,\ \min Y_{im})$，$i=1,\ 2,\ \cdots,n$。

再计算各方案到正理想解和负理想解的欧几米德距离：到正负理想解的距离分别为 $D_i^+=\sqrt{\sum_{j=1}^{m}(Y_{ij}-y^+)^2}$ 和 $D_i^-=\sqrt{\sum_{j=1}^{m}(Y_{ij}-y^-)^2}$ （其中，$i=1,\ 2,\ \cdots,\ n$）

① 王兆峰，霍菲菲，徐赛. 湘鄂渝黔旅游产业与旅游环境耦合协调度变化［J］. 经济地理，2018（8）：204-213.

最后计算各方案与理想解的相对贴进度：$U_i = D_i^- / (D_i^- + D_i^+)$，$0 \leqslant U_i \leqslant 1$

U_1、U_2 和 U_3 分别为旅游、交通和区域经济三大系统综合发展水平的评价指数。

在此基础上，分别计算旅游—交通—区域、旅游—交通、旅游—区域耦合度：

1. 旅游—交通—区域经济系统的耦合协调度模型

旅游—交通—区域经济系统的耦合度，用 C 表示，计算公式如下：

$$C = \sqrt[3]{U_1 \times U_2 \times U_3 / [(U_1 + U_2 + U_3)/3]^3}$$

上式中，C 代表旅游—交通—区域经济系统的耦合度，由上述公式可以看出 $0 \leqslant C \leqslant 1$。耦合度主要分析两系统间相互作用的强度，耦合协调度模型则能反映两系统间是否相互协调，具体模型见后面。

旅游、交通和区域经济发展的综合指数用 T 表示，该指数反映了三大系统的整体效益和水平，γ、δ、ε 为待定权数，一般 $\gamma+\delta+\varepsilon=1$。待定系数主要体现了该系统的相对重要作用，在此主要体现在对 GDP 的影响力方面。在综合专家意见的基础上，设定 $\gamma=0.1$，$\delta=0.1$，$\varepsilon=0.8$，用以表示各系统的相对重要程度。

$$T = \gamma U_1 + \delta U_2 + \varepsilon U_3$$

最后计算旅游—交通—区域经济系统的耦合协调度：

$$F = \sqrt{C \times T}$$

2. 旅游—交通系统的耦合协调度模型

旅游—交通—区域经济系统的耦合度用 C 表示，计算公式如下：

$$C = \sqrt[2]{U_1 \times U_2 / [(U_1 + U_2)/2]^2}$$

旅游、交通发展的综合指数：

$$T = \gamma U_1 + \delta U_2$$

其中，$\gamma=0.5$，$\delta=0.5$，以此来反映各系统的相对重要程度。

最后计算旅游—交通系统的耦合协调度：

$$F = \sqrt{C} \times T$$

3. 旅游—区域经济系统的耦合协调度模型

旅游—交通—区域经济系统的耦合度用 C 表示，计算公式如下：

$$C = \sqrt[2]{U_1 \times U_3 / [(U_1 + U_3)/2]^2}$$

旅游、交通发展的综合指数：

$$T = \gamma U_1 + \delta U_3$$

其中，$\gamma=0.15$，$\delta=0.85$，以此来反映各系统的相对重要程度。

最后计算旅游—区域经济系统的耦合协调度：

$$F = \sqrt{C \times T}$$

二、旅游、经济与交通耦合协调度分析

（一）指标及权重（表3-10、表3-11）

表3-10　2017年四川省5大旅游区旅游产业、区域经济、交通统计表

指 标	成都平原	川南	川东北	攀西	川西北
常住人口/万人	3 798. 56	1 550. 23	2 133. 44	607. 13	212. 64
国内旅游收入/亿元	5 688. 79	1 584. 78	1 524. 25	640. 36	398. 94
国内旅游人次/万人次	26 845. 55	4 445. 34	7 696. 07	2 807. 17	1 627. 06
星级饭店数量	227	46	64	36	25
旅游创汇收入/万美元	142 302. 81	159. 00	296. 35	63. 02	1 832. 44
入境旅游人次/万人次	304. 24	18. 54	58. 83	3. 17	21. 82
景区经营收入/亿元	352. 32	25. 86	104. 67	62. 70	40. 21
限额以上住宿餐饮营业额/万元	2 147 115. 50	421 850. 90	591 851. 70	133 735. 50	63 337. 70
旅行社	494	76	83	49	27
旅游总收入/亿元	5 688. 79	1 584. 78	1 524. 25	640. 36	398. 94
住宿供给/家	16 913. 00	4 331. 00	7 440. 00	2 959. 00	3 972. 00
外省住宿比例/%	35. 22	20. 46	18. 09	16. 25	49. 75
公路总里程/千米	102 472. 443	51 062. 271	92 047. 665	32 424. 875	51 943. 216
民用汽车拥有量/万	675. 373 7	111. 586 1	139. 128	44. 500 6	19. 051 4
公路旅客周转量/万人千米	2 098 623. 814	1 281 415. 69	1 104 492. 337	379 012. 221 3	349 361. 878 6
公路货物周转量/万吨千米	7 416 906. 076	2 994 553. 669	3 758 597. 946	1 790 138. 323	807 901. 828 3
GDP/亿元	23 378. 87	6 087. 6	5 919. 22	2 625. 16	556. 66
第三产业产值/亿元	11 274. 68	2 244. 81	2 382. 87	924. 58	203. 77
财政收入/万元	18 294 514	3 941 841	3 547 321	1 951 458	541 806
人均 GDP/元	385 412	159 591	138 417	123 253	53 584
城镇人均可支配收入/元	254 455. 13	123 689. 62	143 751. 04	63 789. 98	59 749. 92
社会消费品零售总额/万元	106 396 621. 1	27 258 960. 6	29 696 152	9 686 860. 6	1 766 711. 1

表 3-11　2017 年四川省 5 大区域旅游产业与区域经济各指标权重

旅游产业系统	权重	区域经济系统	权重	交通运输	权重
国内旅游收入	0.083	GDP	0.182	公路总里程	0.264
国内旅游人次	0.101	第三产业产值/亿元	0.183	民用汽车拥有量	0.246
星级饭店数量	0.100	财政收入	0.148	公路旅客周转量	0.245
旅游创汇收入	0.124	人均 GDP	0.159	公路货物周转量	0.245
入境旅游人次	0.111	城镇人均可支配收入	0.188		
景区经营收入	0.079	社会消费品零售总额	0.140		
限额以上住宿餐饮营业额	0.095				
旅行社	0.111				
旅游总收入	0.083				
住宿供给	0.114				

（二）旅游业——区域经济耦合协调度

在计算过程中，对数据进行了进一步的筛选，一是剔除了外省住宿比例，这个数据的单位为百分比，与其他指标不一致，为了减少数据误区，为此，该指标不参与计算，但同时也应看到该指标对于了解某个旅游目的地市场特征具有非常重要的代表作用；二是对总量指标进行了人均化，即将总量指标除以常住人口，主要是基于 5 大旅游区域总量差距太大，在采用公式计算过程中，经济总量小的区域难以用数据来表示，导致后面的耦合协调度也难以表示。

1. 旅游—交通—区域经济系统的耦合度

通过对四川省 5 大旅游区域耦合度的计算，得到如下结果（表 3-12）：

表 3-12　2017 年四川省旅游—交通—区域经济耦合度

耦合要素	成都平原	川南	川东北	攀西	川西北
旅游—交通—区域经济	0.956	0.887	0.769	0.995	0.698
旅游—区域经济	0.989	0.866	0.929	0.993	0.619
旅游—交通	0.976	0.994	0.868	1.000	1.000

通过表 3-12 可知，在旅游—交通—区域经济耦合度方面，攀西经济区和成都平原经济区的耦合度最高，川东北经济区和川西北经济区的耦合度相对较低，需要进一步加强这两个区域旅游—交通—区域经济相互促进的力度。

在旅游—区域经济耦合度方面，攀西经济区和成都平原经济区的耦合度最高，川西北经济区的耦合度相对较低，表明当地经济对旅游的发展促进作用相对较低，这与川西北经济区的游客市场主要是外地游客的统计结果一致。

在旅游—交通耦合度方面，川西北经济区和攀西经济区的耦合度较高，这也表明川西北经济区和攀西经济区的交通对旅游的促进作用比较大，这两个地区地广人稀，旅游资源丰富，但交通设施的密度低，因此，提高这两个区域的交通对旅游发展的效果比较明显。川东北经济区的耦合度较低，说明该区域的交通对旅游的支撑效果相对不明显，需加大区域内旅游线路规划以提高该区域交通对旅游的发展效果。

2. 旅游—交通—区域经济系统的耦合协调度

通过对四川省 5 大旅游区域耦合协调度的计算，得到如表 3-13 所示的结果：

表 3-13　2017 年四川省旅游—交通—区域经济耦合协调度

耦合要素	成都平原	川南	川东北	攀西	川西北
旅游—交通—区域经济	0. 684	0. 455	0. 389	0. 492	0. 398
旅游—区域经济	0. 588	0. 308	0. 275	0. 346	0. 218
旅游—交通	0. 328	0. 150	0. 109	0. 225	0. 391

通过表 3-13 可知，在旅游—交通—区域经济耦合协调度方面，成都平原经济区的耦合度最高，其次是攀西经济区，川东北经济区和川西北经济区的耦合度相对较低，需要进一步加强这两个区域的旅游—交通—区域经济协调发展。

在旅游—区域经济耦合协调度方面，成都平原经济区的耦合度最高，其次是攀西经济区，川东北经济区和川西北经济区的耦合度相对较低，需要进一步加强这两个区域内经济的协调发展，从而推动该区域内的旅游—区域经济协调发展。

在旅游—交通耦合协调度方面，川西北经济区和成都平原经济区的耦合度较高，这也表明川西北经济区交通对旅游的影响比较大，而川南经济区和川东北经济区的旅游—交通耦合协调度较低，这说明需要进一步加大这两个区域内旅游交通线路的规划，提高这两个区域交通对旅游发展的推动效果。

第四节 旅游目的地供给优化路径分析

一、完善旅游目的地战略规划

目前四川省 5 大旅游区、10 大旅游目的地的基本结构形成。但同时还要看到，一方面，旅游目的地的划分范围还需要进一步完善；另一方面，对现有旅游目的地旅游产品主要是旅游品牌规划需要进一步明确，以明确各旅游目的地发展重点。具体分析如下：

（一）成都平原经济区发展战略

成都平原经济区涉及的市州有 8 个：成都、德阳、绵阳、遂宁、乐山、雅安、眉山、资阳。发展定位：将成都平原核心旅游区建设成为中国西部最重要入境旅游目的地。该区域旅游发展的重点可以考虑为两区四线七品。两区指两大旅游目的地（大成都国际都市休闲旅游目的地、大峨眉国际度假旅游目的地）。四线指四条精品旅游线路（大熊猫国际生态旅游线、九环世界遗产线、成乐文化生态度假环线、蜀道三国文化旅游线）。七品指七大旅游品牌，目前成都市提出构建遗产观光、蓉城休闲、时尚购物、美食体验、商务会展、文化创意、养生度假七大旅游产品体系，本书认为成都市的乡村旅游在中国西部都首屈一指，是旅游品牌建设的重要领域。为此进行如下划分：文化体验旅游品牌（该区各个时期的文化资源极其丰富，包括古蜀文明如三星堆、三国历史文化、文化名人文化、近代文化等），商务会展品牌（以成都为中心，打造国家商务会展旅游城市，打造都市高端会议、商务、会展、节事等旅游产品），休闲度假旅游品牌（借助成都特有的“闲适生活”特点，以及丰富的生态环境和客源市场资源等，提升休闲度假旅游的品牌知名度），生态旅游品牌（该区域生态环境较好，如绵阳罗浮山、成都西岭雪山、乐山市峨眉山等，此外，大熊猫等旅游品牌也是四川省的三大旅游品牌之一），乡村旅游品牌（该区域是农家乐的发源地，农业人口聚集，靠近大城市大市场，可以进一步提升乡村旅游产品），康养养老旅游品牌（成都平原区经济相对比较发达，交通发达，气候比较优良，景区丰富，人口众多，随着老龄化社会的到来，成都平原区无论是对区内还是对区外康养和养老旅游市场而言，都具有非常大的吸引力），美食购物旅游品牌（打造都市休闲、时尚购物等旅游产品）。

（二）川南经济区发展战略

川南经济区涉及市州有4个：自贡、泸州、内江、宜宾，主要定位为南向国际旅游经济走廊。该区域的发展重点可概括为一区两线三品。一区指一个旅游目的地即川南旅游目的地（又称川南长江流域度假旅游目的地），涉及的精品旅游线路在十三五规划中未明确提出，但可以考虑两条：一条为川南城市环线，内江—隆昌—泸州—宜宾—自贡—内江的环线，并借助川南城际铁路打造精品旅游线路。一条为长江白酒旅游线，依托白酒品牌和长江风光，打造宜宾—泸州—茅台镇白酒金三角，长江航运为主的旅游特色精品线路。四品相关的旅游品牌为：文化旅游（相关资源如内江大千文化、石牌坊文化等，自贡的恐龙灯会、盐业文化、古镇文化、荣县大佛寺、富顺孔庙等，宜宾的酒文化、僰人文化、长江文化、竹文化、古镇文化等，泸州的酒文化、长江文化、红色文化、饮食文化等都比较有特色）；生态旅游（相关资源如内江市威远穹窿山、隆昌古宇湖等，自贡市荣县双溪水库、高石梯等，宜宾蜀南竹海、兴文石林等，泸州天仙硐等）；乡村旅游（该旅游区以农业为主，农业资源丰富，是乡村旅游开发和扶贫开发的重点区域）。

（三）川东北经济区发展战略

川东北经济区涉及的市州有5个：广元、南充、广安、达州、巴中。该区域的市场定位主要是以国内客源市场为重点。旅游发展重点可概括为二区三线四品。二区即两个旅游目的地（秦巴山地度假旅游目的地，嘉陵江流域文化体验休闲旅游目的地）；三线即三条精品旅游线路（蜀道三国文化旅游线、嘉陵江山水人文旅游线、秦巴南国冰雪旅游线）；四品即四大旅游品牌：红色旅游品牌（相关的旅游资源如川陕西革命根据地、邓小平故居、朱德故居等）；文化休闲旅游品牌（相关的旅游资源如三国旅游资源阆中古城、昭化古镇、剑门关、明月峡栈道等）；生态旅游品牌（该旅游区生态环境好，相关的旅游资源如南国冰雪旅游线路、诺水河、光雾山、米仓山、海明湖—五峰山）；乡村旅游品牌（该旅游区以农业为主，农业资源丰富，是乡村旅游开发和扶贫开发的重点区域）。

（四）攀西经济区发展战略

攀西经济区涉及的市州有2个：攀枝花、凉山。该区域的发展定位是将其打造成为国际阳光康养旅游度假目的地。主要旅游发展重点可概括为一区二线四品。一区指一个旅游目的地（攀西阳光度假旅游目的地）；二线指两条精品旅游线路（攀西阳光康养旅游线、长征丰碑红色旅游线）；四品指康养养老旅游品牌（借助攀西地区适合养老的自然环境，打造健康养生和养老旅游产品）；休闲度假旅游品牌（以攀枝花、汉源、越西、西昌、会理、会东、德昌、米易等为代表的阳光度假城市）；民族文化旅游品牌（如彝族国际火把节、摩梭文化等）；体育探险旅游品牌（结合当地丰富的大型水库资源，开发峡谷旅游相关的如水上观光、峡谷观光、水上竞技、探险旅游等多种旅游产品）。

（五）川西北经济区发展战略

川西北经济区涉及的市州有阿坝、甘孜。该区域旅游发展的一个重要定位为进一步加大欧美日韩等入境旅游市场的开发。旅游发展重点可概括为三片四线四品。三片即三个旅游目的地（国道318/317川藏世界旅游目的地、大香格里拉—环贡嘎世界高山生态和文化旅游目的地、大香格里拉—环亚丁世界山地旅游目的地），由于两条国道318/317相距甚远，因此，实际上川西北的旅游目的地可以分成四片。四线即四条精品旅游线路（九环世界遗产线、国道318/317川藏最美景观旅游线、香格里拉文化与生态旅游线、长征丰碑红色旅游线）。四品主要指四大旅游品牌：一是生态旅游品牌（相关旅游资源如大九寨、大贡嘎、大亚丁等主要景区）；二是红色旅游品牌（主要是长征旅游线路相关的旅游资源）；三是民族文化旅游品牌（包括少数民族地区藏族、羌族、彝族等少数民族的文化，如藏传佛教文化、格萨尔王文化、藏族嘉绒文化、羌族碉楼、彝族火把节等）；四是自驾游（自驾游主要从旅游方式来进行分类，与之前的分类有重叠的地方，但从品牌建设来看，该区域具有打造为世界顶级自驾游旅游品牌的潜力，一方面是该地区自然资源和文化资源特别丰富，处于横断山脉，地势起伏大，风光雄奇，道路崎岖，具有巨大的观赏性和挑战性，加之异域风情非常突出，文化传统保存比较完整，对自驾游而言，具有极大的吸引力）。该区域需要重点完善基础设施如旅游厕所、交通等基础设施的建设。

（六）5大旅游区发展重点

5大旅游区旅游发展的重点如表3-14所示。

表 3-14 5 大区域旅游要素供应层强度分析

旅游区	战略简称	旅游目的地	旅游线路	重要旅游产品品牌
成都平原	两区四线七品	1. 大成都国际都市休闲旅游目的地 2. 大峨眉国际度假旅游目的地	1. 大熊猫国际生态旅游线 2. 九环世界遗产线 3. 成乐文化生态度假环线 4. 蜀道三国文化旅游线	1. 文化体验旅游 2. 商务会展旅游 3. 休闲度假旅游 4. 生态旅游 5. 乡村旅游 6. 康养养老旅游 7. 美食购物旅游
川南	一区两线三品	1. 川南长江流域度假旅游目的地	1. 川南城市环线 2. 长江白酒旅游线	1. 文化旅游 2. 生态旅游 3. 乡村旅游
川东北	二区三线四品	1. 秦巴山地度假旅游目的地 2. 嘉陵江流域文化体验休闲旅游目的地	1. 蜀道三国文化旅游线 2. 嘉陵江山水人文旅游线 3. 秦巴南国冰雪旅游线	1. 红色旅游 2. 文化休闲旅游 3. 生态旅游 4. 乡村旅游
攀西	一区二线四品	1. 攀西阳光度假旅游目的地	1. 攀西阳光康养旅游线 2. 长征丰碑红色旅游线	1. 康养养老旅游 2. 休闲度假旅游 3. 民族文化旅游 4. 体育探险旅游
川西北	三片四线四品	1. 国道 318/317 川藏世界旅游目的地 2. 大香格里拉—环贡嘎世界高山生态和文化旅游目的地 3. 大香格里拉—环亚丁世界山地旅游目的地	1. 九环世界遗产线 2. 国道 318/317 川藏最美景观旅游线 3. 香格里拉文化与生态旅游线 4. 长征丰碑红色旅游线	1. 生态旅游 2. 红色旅游 3. 民族文化旅游 4. 自驾游

通过对四川省 5 大旅游区旅游产品品牌发展的分析，可以进一步围绕旅游产品进行旅游项目整合，促进 5 大旅游区旅游产品形象整体提升。此外，还有一些旅游产品未作为发展重点，如观光旅游、购物旅游等，主要是基于如下考虑：观光旅游是基础层次，并未在旅游产品品牌中进行强调；四川省在购物旅游方面的形象还不够突出，因此，暂时未将其作为一个近期旅游品牌发展重点进行规划。

二、构建旅游目的地动力机制和保障机制

《四川省“十三五”旅游业发展规划》提出要打造 5 大区域、10 大旅游目的地和 10 条精品旅游线路。通过空间布局可知，该战略对于带动四川省旅游发展具有重要的意义。同时也要看到，目前这两个层次旅游目的地的建设还处

于初级阶段，存在许多困难，主要体现在：一是各旅游目的地缺乏一个统一的机构来切实管理和推动区域内旅游的发展。各旅游目的地发展的目标、共同建设项目不明确，建设哪些旅游产品体系、哪些旅游品牌体系等也不明确。二是区域间的协调程度还不够，区域间的分工合作关系尚不具体，区域间的行动协调机制、利益分配机制有待完善；三是区域内公共服务体系如何建设，政策如何保障等都还处于探索之中。因此，结合现有问题，提出如下旅游目的地供给改革路径：

（一）组建5大区域、10大旅游目的地管理机构

旅游规划战略中提到的5大区域、10大旅游目的地都是跨地市州行政区域的，缺乏统一的管理，对旅游目的地建设的推动难度大，协调难度也大。因此，有必要组建相关的组织、考核和协调机构，使四川省旅游战略布局真正落到实处。

（二）组建科研团队，对四川省旅游目的地建设进行重点研究

从之前的分析可知，5大区域、10大旅游目的地的建设是四川省旅游发展的重要战略，然而旅游目的地的建设面临诸多空白，区域间的发展目标，区域间的协调，区域内公共服务体系的完善等需要通过科研团队系统分析，理清关系，系统构建，为旅游目的地建设提供科学依据，提高旅游目的地建设的可行性、科学性和效益。

（三）明确各旅游目的地协同发展的目标和方向

进一步明确5大区域、10大旅游目的地的发展目标和发展方向，尤其是5大区域内的发展目标既要考虑区域内的重要旅游资源，又要考虑旅游资源组合后能产生的市场影响力和号召力，区域内各地市州的协同关系，以及区域内旅游业与其他产业间的协同关系。

（四）加大旅游目的地内旅游协同发展的基础设施建设

旅游目的地的建设通常都是跨地市州的，将这些地市州的资源整合起来，需要建设和完善跨地市州的经济发展联系纽带。而建设和完善这一纽带的一个最基本的要求是对基础设施进行整合和完善，包括交通、通信等软硬件设施的完善。目前四川正围绕10大旅游目的地，打造“交通+旅游”建设项目。

（五）制定有助于旅游目的地建设的相关政策和措施

通过一些优惠政策，例如土地政策，加强招商引资的力度，将人力、物力、财力吸引到旅游目的地的整体发展方向上来。

三、提高旅游目的地资源整合效果

（一）加大区域内旅游资源要素的优化配置

加大区域内旅游资源要素优化配置的主要途径有：一是规划和建设串联区域内核心旅游资源的品牌旅游产品和线路；二是对旅游产品要素进行总体合理分工；三是通过旅游价值链分析，了解旅游投入的环节，确保旅游集群发展的有效性；四是加强区域内旅游收益协调机制。

（二）加强政府的引导作用

加强政府引导作用的主要途径有：一是出台相关政策，鼓励5大旅游区内旅游集群发展；二是推动区域内旅游协调机制的建立和实施；三是加大示范引领区旅游产业集群建设，在条件较好的地方，主要是旅游资源互补性较强、交通网络比较便利、旅游资源品级较高的地方率先推动旅游产业集群建设。同时总结相关经验，在全省推广，提高全省旅游产业集群建设的效率。

（三）加大区域整体的营销策划

加大区域整体营销策划主要的途径有：一是推动区域整体形象的建设、通过合作营销模式，跨区域旅游宣传模式等，推动区域整体形象提升。二是推动区域内旅游产品品牌的建设，结合区域内旅游目的地、精品旅游线路、重要旅游景区、重要旅游节事活动等，构建旅游产品体系和品牌体系。三是出台区域内容旅游消费的价格优惠政策。通过区域内联票优惠机制等形式，提高区域内旅游产品的市场吸引力。

（四）不同区域采取不同方法提高产业集群效果

从之前的分析可知，一是川南区和川西北区在景区经营结构方面比较欠佳。因此，这两个地区还需要进一步优化景区的经营结构，提升景区的盈利能力。二是川南区的旅游景区旅游资源吸引力强度则偏弱。这主要是由于川南区现有已经开发的旅游资源特色相对而言不突出。因此，在进行旅游资源开发的过程中，需要加大创新性开发力度，打造别具一格，具有竞争力，形象突出的旅游产品。三是成都平原区，这个区域要素供应层的盈利能力较强，而其他四个区域——川南区、川东北区、攀西区和川西北区都较弱，说明成都地区的旅游景区对经济的拉动作用最明显。就各区域内部而言，除了川南地区的要素供应层盈利能力高于景区盈利能力之外，其他的地区的则是景区的盈利能力高于要素供应层的盈利能力，由此可知：除川南旅游景区外，其他四个区域的旅游景区盈利能力较强。因此，一方面川南区、川东北区、攀西区和川西北区需要加大景区的辐射带动作用；另一方面，成都平原区、川东北区、攀西区和川西北区四个区域在保证旅游景区数量的同时，可以加大景区开发的数量。而川南区则应重点提升旅游景区的质量。

四、提升旅游目的地协调发展水平

通过分析发现，四川省 5 大旅游区的旅游产业与区域经济的综合发展指数都较高，但二者的协调性则处于初级协调阶段，其中成都地区的协调性较高。这说明在 5 大旅游区的发展战略中，旅游与经济相互促进、和谐共生的水平还较低。这也表明，四川省 5 大旅游区旅游产业的关联效应和拉动作用还处于较低水平，旅游的经济拉动作用还没有充分地发挥出来。因此，为了更好地促进四川省 5 大旅游区旅游产业与区域经济协调发展，还需要进一步加强各区域内旅游与经济的融合力度，提高公共服务、公共基础设施的共建共享的水平，加强旅游的拉动辐射作用。具体而言：

（一）加强川西北区旅游—区域经济协调耦合度

由之前的分析可知，川西北区旅游—区域经济的耦合协调度相对较低，从相关数据可以发现，该区域内，旅游的发展相对区域整体经济的发展更占优，区域经济相对落后，因此，需要进一步加强这两个区域内经济的发展，同时加强区域经济对旅游的支撑作用，从而推动该区域内的旅游—区域经济协调发展。

（二）加大川南区和川东北区的旅游—交通耦合协调度

通过之前的分析可知，川南区和川东北区的旅游—交通耦合协调度较低，其中一个原因是，这两个区域没有知名的旅游环线串联这些地区，而川西北区虽然交通不便，但这些交通围绕旅游景区建设，所以旅游—交通的协调度高。这说明需要进一步加大这两个区域内旅游交通线路的规划，提高这两个区域交通对旅游发展的推动效果。

五、本章结论

通过对四川省旅游业发展现状进行分析，并结合之前的发展规划目标以及发展结果，分析四川省旅游发展存在的问题、发展的经验，从而思考旅游供给侧结构性改革的重点和发展方向。在此基础上，对四川省旅游产业——旅游目的地（主要是 5 大旅游区）进行系统分析，从区域旅游耦合协调度、旅游产业集群发展、旅游效率分析等多个维度，系统分析，从而对旅游供给的总体状况、旅游目的地供给的有效性、旅游供给协调性、旅游供给的系统高效性，以及旅游供给的可持续性有了比较全面的认识，并提出了如下对策，以提高四川省旅游发展战略中旅游目的地的发展质量，为四川省宏观旅游供给侧结构性改革提供了较为客观的依据：一是以旅游目的地为核心，提升旅游产业供给水平。组建5大区域、10大旅游目的地管理机构；组建科研团队，对四川省旅游目的地建设进行重点研究；明确各旅游目的地协同发展的目标和方向；加大旅游目的地内旅游协同发展基础设施建设；制定有助于旅游目的地建设的相关政策和措施。二是以旅游集群为重要手段，推动旅游供给能力提升。加大区域内旅游资源要素的优化配置；加强政府的引导作用；加大区域整体的营销策划；构建区域内旅游消费的价格优惠政策。三是以区域协调发展为关键，推动区域整体供给水平提升。加强川西北区旅游—区域经济协调的耦合度；加大川南区和川东北区的旅游—交通耦合协调度。

第四章　四川省旅游产品供给分析

第一节　旅游产品供给现状

一、旅游产品供给体系

（一）旅游产品概述

1. 旅游产品的定义

从旅游者的角度看，旅游产品是一种经历和体验，是游客花费一定的时间、精力和费用所获得的旅游经历和旅游感受。从旅游经营者的角度看，旅游产品是指旅游经营者凭借一定的旅游资源、旅游设施和其他媒体，向旅游者提供的、以满足旅游者需求的各种物质产品和劳务的总和①。

2. 旅游产品构成

从经营者角度看，旅游产品由旅游吸引物、旅游设施、旅游服务等多种要素构成。从消费者角度看，旅游产品主要由吃、住、行、游、娱和购等组成。从产品层次角度看，旅游产品主要由核心产品、形式产品和延伸产品三部分组成。

此外，由于旅游产品最核心的内容是旅游吸引物，因此在分析旅游产品时可以考虑旅游吸引物对应的旅游项目情况。旅游项目是指在一定期间内、一定预算范围内，为旅游活动或为实现旅游业目标而投资建设的项目。它包括景区景点项目、饭店建设项目、游乐设施项目、旅游商品开发项目、旅游交通建设项目、旅游培训教育基地项目等，涉及“食、住、行、游、购、娱”等各个方面②。

---

① 孙国学，赵丽丽. 旅游产品设计与策划［M］. 北京：中国铁道出版社，2016.

② 陈安泽. 旅游地学大辞典［M］. 北京：科学出版社，2013.

（二）旅游产品分类

根据内容不同，参考 1999 年原国家旅游局的分类，可将旅游产品分为五类：观光类、度假类、城乡类、生态类和安全类旅游产品。需要补充的是，该分类未将休闲作为一类旅游产品，主要是基于旅游是休闲的一部分。而现有不少文献将休闲作为一种旅游产品类型，或者将休闲度假作为一种旅游产品类型，该分类可以作为分析旅游产品的一个补充。此外还有一些城乡旅游产品如节事旅游、红色旅游、自驾车旅游等，未直接标明出来，也是后续研究的对象。

根据空间分布形态的不同，可以将旅游产品分为单项旅游产品、旅游线路产品、区域旅游产品。单项旅游产品是指由旅游六要素中的单个要素或其组合形成的产品。旅游线路产品是指旅游经营部门（主要是旅行社）以旅游吸引物为中心，将六要素组合在一条线路上。区域旅游作为相对独立的单位来接待旅游者，组织安排旅游活动的经营服务方式是特定空间存在的旅游活动及经济关系的综合。

由于旅游产品相关概念比较多，为了利于后面研究，我们对前面提到的相关内容进行梳理。首先，旅游产品是围绕旅游核心吸引物而形成的一个产品与服务供给体系。旅游产品可以从旅游经营者、旅游产品层次、旅游消费者三个维度分别进行描述，其内容存在对应关系，尤其是旅游吸引物具有对应关系，如图 4-1 所示。旅游吸引物的类型决定了旅游产品类型，但旅游吸引物仍然是一个抽象的概念，不利于进行具体衡量。由于旅游吸引物通常体现在具体的旅游项目上（如景区），由此，旅游吸引物对应的旅游项目类型决定了旅游产品类型，借助旅游吸引物对应的旅游项目的情况就可以分析旅游产品情况，包括旅游产品类型、数量、质量等情况。

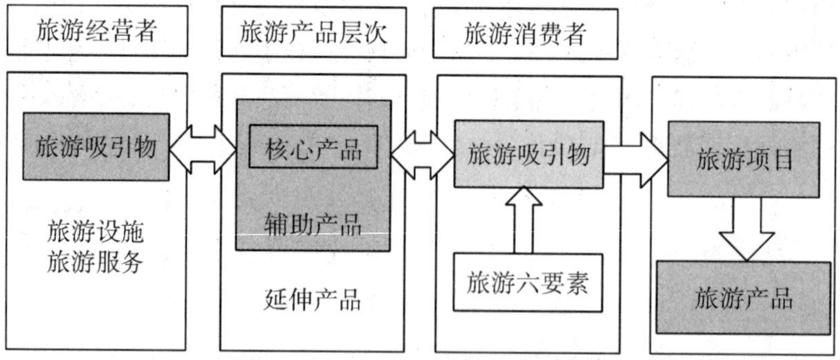

图 4-1　旅游吸引物—旅游项目—旅游产品关系图

（三）旅游产品供给体系

旅游产品的供给有一个过程，弄清供给过程有助于了解供给存在的问题及产生的原因。旅游产品供给体系主要包括三个方面：一是旅游产品供给主体，二是旅游产品供给对象，三是旅游产品供给过程。三者组成旅游产品结构体系，如图 4-2 所示。

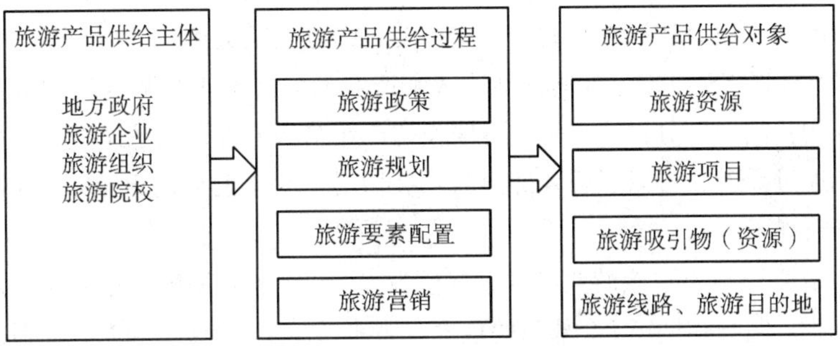

图 4-2　旅游产品供给体系图

旅游产品供给主体主要有地方政府、旅游企业、旅游组织、旅游院校等。

旅游产品供给对象则是以旅游资源为基础，通过旅游项目建设，进一步转换为能向游客提供服务的旅游吸引物，最后融入旅游线路和旅游目的地，成为其组成部分。在相关资料和文献中，研究者们也将新开发出来的旅游吸引物称为旅游资源。

旅游产品供给过程则是旅游资源最后转换为旅游产品的过程，具体措施包括旅游政策、旅游规划、旅游要素配置、旅游营销等。

二、旅游产品供给评价体系

（一）旅游产品供给数量分析

如前所述，评价旅游产品可以从点状、线状和片状的旅游要素进行分析，同时结合旅游要素、旅游线路和区域旅游的旅游资源情况，分析对应旅游产品带来的游客数量以及旅游收入等，进而对旅游产品供给数量进行评价。

（二）旅游产品供给质量分析

旅游产品供给质量主要从旅游产品层次结构进行分析。评价旅游产品供给质量的另一个途径是分析旅游产品要素质量。

1. 旅游产品结构层次分析

结合旅游项目，分析旅游产品结构层次，如统计和对比观光旅游产品、度假旅游产品、城乡旅游产品、生态旅游产品，以及旅游安全产品等旅游产品相关的旅游项目（主要是旅游景区的数量情况），从而了解旅游产品的层次结构。

2. 旅游产品要素分析

旅游六要素是组成旅游产品的重要单位。对各要素的结构变动进行分析，可以对旅游产品要素的发展情况有更深入的了解，从而进一步掌握旅游产品的发展情况。比较直接、有效的分析结构变化的方法是偏离-份额分析法（shift-share method，SSM），该方法将某地区某产业的经济增长分解为三个方面：一是经济增长的全国分量，二是经济增长的产业结构分量，三是经济增长的部门分量。通过 SSM，可以了解各部门的发展情况，确定发展的重点①。具体模型构建分析如下：

初始期（基年）旅游业经济总规模为 B_0。用 $B_{j,t}$ 和 $B_{j,o}$ 分别表示在全国旅游产业末期与初期第 j 个部门的规模（业务收入）。用 $b_{j,t}$ 和 $b_{j,o}$ 分别表示某地区旅游产业末期与初期第 j 个部门的规模（业务收入）。则该地区旅游产业的第 j 个部门在［0，t］时间段的变化率为

$$r_j = (b_{j,t} - b_{j,o}) / b_{j,0} (j = 1, 2, 3, \cdots, n) \quad (1)$$

全国旅游产业 j 部门在［0，t］内的变化率为

$$R_j = (B_{j,t} - B_{j,0}) / B_{j,0} \quad (j = 1, 2, 3, \cdots, n) \quad (2)$$

根据全国旅游产业各部门所占的份额，将该地区旅游产业各部门规模标准化得到：

$$b'_j = b_{j,0} \times B_{j,0} / B_0 \quad (j = 1, 2, 3, \cdots, n) \quad (3)$$

在［0，t］时段内，该地区旅游产业第 j 个部门的增长量 G_j 则可以分解为 N_j、P_j、D_j 三个分量，表达式为：$G_j = N_j + P_j + D_j$。其中：

$$N_j = b'_j \times R_j \quad (4)$$

$$P_j = (b_{j,0} - b'_j) \times R_j \quad (5)$$

$$D_j = b_{j,0} \times (r_j - R_j) \quad (6)$$

$$G_j = b_{j,t} - b_{j,0} \quad (7)$$

$$PD_j = P_j + D_j \quad (8)$$

份额分量 N_j 表示某地区旅游标准化后的 j 行业部门相对全国的平均增长率发展的变化量。结构偏离分量 P_j 表示某地区部门比重与全国相应部门比重的

① 王良举. 基于 SSM 的安徽省国际旅游产业结构分析［J］. 华东经济管理，2006（10）：76-78.

差异所引起的该地区第 j 个产业部门增长相对于全国标准所产生的偏差。竞争力偏离分量 D_j 表示某地区第 j 个产业部门的增长速度与全国相应部门增长速度的差异所引起的偏差。总偏离分量 PD_j 反映了某地区第 j 个部门总的增长优势。

（三）旅游产品供给效率分析

分析投入产出关系的重要途径之一是采用旅游卫星账户分析法，通过旅游卫星账户可以直接测算旅游业的直接增加值、旅游业完全增加值（旅游经济增加值）、旅游业产出乘数和旅游业就业贡献。比较有效的分析投入产出的方法是数据包络分析法（data envelopment analysis，DEA）。如岳宏志、朱承亮采用该模型对中国旅游产业的技术效率进行计算，并比较了各地区效率的差异①。杨春梅、赵宝福则采用三阶段 DEA 方法，对国内 50 个著名旅游城市的旅游业效率值进行了计算和对比分析②。芮田生等则采用 DEA 模型，借助 DEAP Version 2.1 软件对四川省各地市州旅游业的效率进行了分析③。通过 DEA 模型，可以得到经营效率、技术效率和规模效率。其中，经营效率是对决策单元的资源配置能力、资源使用效率等多方面能力的综合衡量与评价；技术效率是企业受管理和技术等因素影响的生产效率；规模效率是受企业规模因素影响的生产效率。三者之间存在如下关系：经营效率=技术效率×规模效率。

三、四川省旅游产品发展规划

（一）旅游产品总体发展规划

制定了重点旅游产品规划。四川省相关旅游规划提出加快建设国家级、省级休闲度假旅游区，并提出要打造 10 大旅游度假区。同时编制了相关的管理办法，将国家旅游局组织编制的《旅游度假区等级认证细则》引入四川省先行先试，编制了《四川省旅游度假区等级评定管理办法（试行）》。2011 年年底全省首次开展了省级旅游度假区创建试评工作。

（二）景区建设规划

积极创建 A 级景区。四川省相关旅游规划提出加快各类资源景区化，力

---

① 岳宏志，朱承亮. 我国旅游产业技术效率及其区域差异：2001—2007 年［J］. 云南财经大学学报，2010（2）：36-43.

② 杨春梅，赵宝福. 中国著名旅游城市旅游业的效率研究［J］. 旅游科学，2014（1）：65-75.

③ 芮田生，李益彬，张科. 四川省旅游经济强省评价体系构建［J］. 内江师范学院学报，2017（6）：58-63.

争新建成100个国家A级旅游景区，其中新增国家5A级旅游景区6个。实际完成情况：截至2014年年底，新创建6个5A级旅游景区、73个4A级旅游景区、30个3A级旅游景区、49个2A级旅游景区、1个1A级旅游景区。

积极开发各类城乡旅游产品。主要有乡村旅游、文化旅游、红色旅游，以及其他旅游产品。

在取得巨大成绩的同时，还存在需要进一步完善的地方，主要体现在产品体系的构建方面还缺乏系统性开发、整体性开发和协同开发的内容，尽管文游局主要负责旅游度假区以及景区的管理工作，但其他类型的旅游产品的发展情况并未涉及，如自然保护区、文物单位等观光、休闲方面的内容缺乏，其实这也从侧面说明由于行政的分割性，文游局受到资源管理权分割的影响，导致对旅游产品的开发以及管理方面缺乏系统性。

（三）食、购、娱规划

由于食、购、娱这三个要素在旅游过程中比较紧密，因此，在分析过程中往往放在一起分析。四川省相关旅游规划提出实施旅游要素提升工程，规划建设10条省级旅游购物街，以及开发10台大型特色文化演艺节目，建设20个具有地方特色的美食街、美食城，培育10家年旅游经营收入超过5亿元的大型旅游企业集团、50家年旅游经营收入过1亿元的旅游企业“小巨人”。

旅游购物街和美食街是旅游城镇建设的重点，大多数旅游城镇都建设有旅游购物街和美食街。截至2013年年底，四川省共有旅游商品生产和经营企业35家会员单位，其中等级购物点62家，但大型旅游企业较少。大型特色文化演艺节目发展较快，阿坝州、成都市、乐山市、南充市、广安市、广元市、西昌市、绵阳市、遂宁市等都有大型特色文化演艺节目。

（四）旅游线路规划

四川省相关旅游规划提出重点打造世界遗产、熊猫故乡、蜀山之王、蜀汉三国、大爱无疆、长征丰碑、醉游中国、发现四川一百年八条精品旅游线。从实施情况上看，世界遗产线路仍是四川的主打旅游线路，蜀汉三国（剑门蜀道）、大爱无疆旅游线路得到加强，其余旅游线路的建设还有待加强。

此外，评价这些线路是否已经构建起来并得到市场的认可，还需要进一步提供和收集旅游线路知名度和关注度、旅行社经营线路的收入及比例情况。

（五）旅游营销规划

四川省相关旅游规划提出提高四川旅游品牌在海内外游客市场上的知名度和感召力，提升“天下四川、熊猫故乡”品牌的形象和内涵。积极整合全省相关资源，形成政府、部门、景区、旅行社、相关企业等共同参与的“产品、市场、销售一体化”的宣传营销体系。提出要实施旅游品牌战略，构建全省旅游品牌体系：一是旅游资源品牌化工程；二是旅游产品品牌；三是旅游节庆品牌；四是旅游商品品牌。在创新旅游营销渠道方面，四川省相关旅游规划提出新技术的应用与新业态的打造，大力拓展旅游营销渠道，更加有效地开发旅游市场。通过积极实施营销战略，达到了如下效果：一是转变了旅游营销思路，充分运用了智慧旅游营销平台和新媒体载体；二是创新了旅游营销方式，深化实施了网络在线营销、旅游书籍出版、客源地营销、影视制作传播和旅游资讯覆盖“五大工程”，不断提升营销实效；三是充分借助了媒体平台营销。

第二节　旅游产品供给评价

一、旅游产品供给数量评价

根据《四川省旅游统计年鉴 2018》的资料①，四川省旅游产品供给情况如下：

（一）旅游资源方面

四川省有世界级旅游资源 5 个，世界生物圈保护区 4 个，世界地质公园 3 处，世界美食之都 1 座，中国最佳旅游城市 1 座；国家级遗产地 7 个，旅游城市、旅游强县 23 座，A 级旅游景区 479 家，国家级旅游度假区 1 处，国家级风景名胜区 15 处，国家森林公园 44 处，国家级自然保护区 31 个，国家湿地公园 29 个，国家级历史文化名城 8 个、名镇 24 个、名村 6 个，国家级地质公园 14 处，全国工农业旅游示范点 36 个，国家级非物质文化遗产 10 类 138 项，全国重点文物保护单位 228 处，全国红色旅游经典景区 9 处，全国特色景观旅游名镇（村）20 个，全国休闲农业与乡村旅游示范市、示范县和全国休闲农业示范点 37 个，国家级生态旅游示范区 18 家，国家级水利风景区 38 家。

（二）精品旅游线路方面

九环线、西环线、川东自然山水生态旅游线、大熊猫国际生态旅游线、成乐文化生态度假环线、香格里拉生态旅游线、蜀道三国文化旅游线、秦巴南国

① 四川省旅游年鉴编辑委员会. 四川省旅游统计年鉴 2018［M］. 成都：四川科学技术出版社，2018.

冰雪旅游线、攀西阳光生态旅游线、长征丰碑红色旅游线。

（三）旅游景区供给数量分析

旅游景区的分析对于评价旅游产品有两个方面的意义：一是旅游景区是旅游产品的核心组成部分。旅游景区作为旅游核心吸引物，是旅游产品的重要组成部分；此外，从游客数量看，景区游客人次数占旅游总人次数的64%，占了约2/3。二是便于评价旅游产品。

二、旅游产品结构层次评价

休闲度假旅游产品是相对高层次的旅游产品，是评价旅游产品的重要途径。

（一）休闲旅游产品评价

休闲旅游是衡量一个地区旅游发展质量的重要指标，评价指标可部分参考城市休闲发展指数（具体包括休闲空间与发展环境、休闲设施与发展服务、城市休闲经济与产业指数、休闲生活与消费发展、城市休闲关注度五个方面）。相关研究表明，四川省主要旅游城市在休闲各方面的排名总体落后于旅游收入的排名（具体排名见表 4-1）①，这反映了四川省各城市在休闲方面的基础条件还相对滞后于旅游发展，需要进一步完善，为旅游产品质量提升创造条件。

表 4-1　2017 年四川省主要城市休闲相关指标全国排名情况

城市名称	旅游收入/亿元	收入排名	休闲空间与发展环境	休闲设施与发展服务	城市休闲经济与产业指数	休闲生活与消费发展	城市休闲关注度
成都市	3 033.42	9	268	48	6	43	3
乐山市	769.10	52	248	139	124	202	223
宜宾市	538.72	89	216	194	274	231	146
绵阳市	533.22	91	154	195	202	149	103
南充市	458.05	104	222	263	266	276	108
泸州市	441.88	112	263	226	272	261	128
遂宁市	385.00	131	167	243	239	243	187
眉山市	356.66	144	264	276	273	204	250

① 楼嘉军，李丽梅，孙晓东. 中国城市休闲化发展研究报告（2016）［M］. 上海：上海交通大学出版社，2017.

表4-1(续)

城市名称	旅游收入/亿元	收入排名	休闲空间与发展环境	休闲设施与发展服务	城市休闲经济与产业指数	休闲生活与消费发展	城市休闲关注度
广安市	350.70	147	190	271	282	228	227
自贡市	340.00	150	269	262	151	229	212
广元市	334.56	153	37	123	227	281	215
德阳市	285.10	170	215	240	202	131	210
攀枝花市	279.31	176	116	94	88	62	141
内江市	263.87	185	252	279	286	235	218
雅安市	255.05	192	102	194	140	237	248
巴中市	210.00	221	110	247	138	289	202
达州市	171.08	239	254	283	288	285	131
资阳市	162.00	248	242	287	279	193	259
平均排名		145	199	215	208	210	178

资料来源：楼嘉军，李丽梅，孙晓东. 中国城市休闲化发展研究报告（2016）[M]. 上海：上海交通大学出版社，2017.

休闲旅游产品供应不足，究其原因主要有三个方面，一是旅游资源整合的成本高。不同于观光类旅游产品，休闲旅游产品与居民日常休闲活动息息相关，零散性、碎片化、空间不足等使这类产品开发的难度大。二是休闲旅游产品的特色难以体现。观光旅游产品的载体容易区别辨认、形象鲜明。休闲旅游产品形态比较突出的载体则主要是步行街、体育场馆、歌剧院等[①]。三是市场开发难度大。休闲旅游产品消费的特点决定了其消费的主体是散客。新兴人文旅游产品极其缺乏。

（二）休闲度假旅游产品评价

根据表4-2的相关数据，可知四川省与广东省休闲度假旅游景区情况。由表4-2可知，广东省的休闲度假旅游景区远远多于四川省。《四川省A级旅游景区主题分类导则（试行）》显示四川省仅有5家休闲度假区。

① 吴必虎，黄潇婷. 休闲度假城市旅游规划 [M]. 北京：中国旅游出版社，2009.

表 4-2　四川省与广东省旅游景区统计对比表

四川省旅游景区					广东省旅游景区		
主类	亚类		景区数量	比例	景区类型	景区数量	比例
自然类	1	自然遗产	2	0.43	自然景观	75	19.48
	2	地质景观	26	5.62	主题游乐	26	6.75
	3	人与生物圈（CBRN）	12	2.59	休闲度假	104	27.01
	4	湿地景观	3	0.65	科技教育	11	2.86
	5	风景名胜区	18	3.89	历史文化	59	15.32
	6	自然保护区	11	2.38	乡村旅游	26	6.75
	7	森林公园	28	6.05	博物馆	19	4.94
	8	水利风景区	16	3.46	红色旅游	10	2.60
人文类	1	自然文化双遗产	1	0.22	工业旅游	34	8.83
	2	文化遗产	2	0.43	森林公园	2	0.52
	3	文物保护单位（遗址公园）	26	5.62	科教文化	1	0.26
	4	历史文化名城（镇、村、古街）	28	6.05	其他	18	4.68
	5	传统村落（民族村寨）	9	1.94			
	6	宗教文化胜地	18	3.89			
	7	博物馆（名人故居）	27	5.83			
	8	红色文化（爱国主义教育基地）	11	2.38			
	9	文化产业园（文化馆、纪念馆、艺术馆）	9	1.94			
	10	主题乐园（城市公园、海洋馆、水上乐园、动物园）	25	5.40			
	11	特色文化旅游地	19	4.10			
	12	工业旅游	12	2.59			
	13	科技旅游	4	0.86			
	14	乡村旅游	83	17.93			
	15	农业旅游园区（花卉园、果园、农业主题公园）	57	12.31			
	16	健康旅游（中医药健康、运动体育）	3	0.65			
	17	研学旅游	3	0.65			
	18	休闲度假	5	1.08			
	19	购物旅游	5	1.08			

资料来源：《四川省 A 级旅游景区主题分类导则（试行）》；广东省 A 级景区名录（201902）。

从表 4-2 可知，广东省休闲度假、主题游乐、工业旅游方面的旅游景区，无论在所占比重，还是绝对数量方面，都远高于四川省。而度假休闲、主题游乐、工业旅游也代表了旅游产品发展的较高层次。由此可见，四川省旅游景区在高层次的旅游供给方面还存在不足。

此外，从以上两个省的旅游景区分类可以看出，四川省的景区分类更细，便于了解景区的性质，但同时分类过多，在使用过程中，略显烦琐。

由此可见，四川省还需要加大休闲度假旅游景区的建设。一方面对具有发展成为休闲度假旅游景区潜力的现有景区进行培育，使其向休闲度假旅游景区发展；另一方面在具有旅游环境和旅游市场优势的地方，开发一些新的休闲度假旅游景区。

三、旅游要素竞争力评价

根据《中国旅游统计年鉴（2014、2017）》发布的原始数据，得到四川省饭店行业、旅行社和旅游景区三个旅游产业部门的业务收入情况，如表 4-3 所示。

表 4-3　2013 年与 2016 年全国各省区市旅游产业部门情况

地区	2013 年			2016 年		
	旅行社营业收入/千元	景区营业收入/亿元	饭店营业收入/千元	旅行社营业收入/千元	景区营业收入/万元	饭店营业收入/万元
总计	359 914 258. 5	2 989. 11	229 292 837	46 431 394. 68	3 858. 20	20 272 601. 02
北京	60 329 362. 29	95. 5	27 657 752	6 120 875. 10	50. 33	2 535 986. 70
天津	3 827 231. 99	22. 01	2 657 339	503 443. 80	18. 4	247 646. 17
河北	4 004 313. 36	75. 38	6 754 456. 2	424 483. 61	86. 98	495 356. 56
山西	3 766 083. 89	57. 87	4 454 532. 9	847 375. 67	105. 38	220 253. 78
内蒙古	1 891 432. 68	51. 03	2 955 065. 7	210 534. 69	39. 4	225 146. 15
辽宁	8 579 149. 73	66. 19	7 646 029. 1	1 249 673. 15	89. 69	456 072. 87
吉林	1 134 528. 22	101. 05	2 465 588. 1	223 252. 51	34. 49	153 795. 10
黑龙江	2 815 208. 9	30. 15	2 194 115. 5	321 538. 79	51. 42	184 926. 91
上海	56 163 264. 6	45. 14	16 691 408	8 272 751. 47	35. 35	2 000 097. 89
江苏	23 105 782. 08	275. 86	17 528 831	5 981 999. 71	202. 64	1 580 282. 83
浙江	24 085 569. 16	219. 56	20 763 272	543 978. 83	209. 8	1 948 064. 49
安徽	5 791 130. 7	192. 84	5 357 437. 2	851 509. 40	254. 81	494 689. 70
福建	14 410 093. 38	54. 74	9 729 577	2 601 279. 40	41. 64	862 888. 22
江西	4 365 381. 67	332. 43	3 428 072. 7	388 541. 55	538. 58	340 908. 19

表4-3(续)

地区	2013 年			2016 年		
	旅行社营业收入/千元	景区营业收入/亿元	饭店营业收入/千元	旅行社营业收入/千元	景区营业收入/万元	饭店营业收入/万元
山东	14 104 145.62	206.56	13 589 137	1 697 278.45	234.04	1 105 877.99
河南	3 142 389.71	104.31	4 344 007.3	384 003.90	101.06	561 872.85
湖北	11 452 084.31	108.49	4 854 161.8	1 208 618.25	185.44	472 755.13
湖南	12 993 918.99	131.49	6 932 393	1 469 235.27	231.95	630 550.67
广东	54 423 752.71	169.8	24 411 808	7 205 954.54	146.23	2 112 000.12
广西	4 303 677.37	60.95	4 208 216.2	643 776.26	56.41	395 180.01
海南	4 321 638.88	27.26	4 613 924.1	499 477.63	30.45	439 296.51
重庆	10 635 500.54	59.1	4 210 476.5	1 310 276.42	111.13	411 902.27
四川	7 413 130.17	164.9	8 448 503.7	843 038.66	407.13	557 416.00
贵州	1 875 888.8	38.7	2 470 109.2	269 300.04	245.56	256 522.63
云南	11 343 132.84	85.24	6 524 858.3	939 647.75	85.08	371 588.37
西藏	488 723.29	6.11	606 210.9	100 724.29	4.32	55 773.50
陕西	4 728 423.92	89.39	4 882 739.9	714 162.25	111.74	419 017.19
甘肃	1 136 645.75	37.22	2 494 329.4	146 424.67	56.33	233 714.25
青海	605 571.07	19.62	854 035.53	95 069.58	38.27	66 884.66
宁夏	713 965.39	11.17	1 063 064.5	94 170.84	10.42	76 248.38
新疆	1 963 136.45	49.05	4 501 385.2	268 998.22	43.73	359 884.91

数据来源：《中国旅游统计年鉴（2014、2017）》。

以 2013 年为基期，2016 年为报告期，对四川省旅游产业进行 SSM 分析，得到如下分析表（表 4-4）。（注：2017 年统计年鉴缺少旅行社收入情况，因此只能选取早期 2016 年的数据。）

表 4-4　四川省旅游产业结构 SSM 分析

行业	R_j	r_j	b_j'	N_j	P_j	D_j	PD_j
旅行社	0.290	0.14	8.346	2.421	19.082	−11.331	7.752
旅游景区	0.291	1.47	33.492	9.738	38.207	194.285	232.492
饭店业	−0.116	−0.34	2.409	−0.279	−9.510	−18.955	−28.464

其中，份额分量 N_j 表示四川省旅游标准化后的 j 行业部门相对全国的平均增长率发展的变化量。如表 4-4 所示，四川的旅行社和旅游景区的份额分量分

别为2.421和9.738，都高于全国旅游总体的平均增长率，而饭店业为-0.279，低于全国旅游总体的平均增长。

结构偏离分量 P_j 表示四川省部门比重与全国相应部门比重的差异所引起的四川省第 j 个产业部门增长相对于全国标准所产生的偏差，该值越大说明该部门结构对经济总量增长的贡献越大。如表4-4所示，四川的旅行社和旅游景区的结构偏离分量分别为19.082和38.207，说明旅行社和旅游景区对旅游增长的贡献大，而饭店业为-9.510，说明饭店业非但没有贡献，而且还拖了后腿。

竞争力偏离分量 D_j 表示四川省第 j 个产业部门的增长速度与全国相应部门增长速度的差异所引起的偏差，反映了四川省第 j 个产业部门的竞争能力。该值越大说明四川省第 j 个产业部门竞争力对经济增长的作用越大。由表4-4可知，四川省旅游景区的竞争力偏离分量为正，说明四川省的旅游景区是高于全国旅游景区的平均竞争力的，而旅行社和饭店的竞争力则低于全国平均水平。

总偏离分量 PD_j 反映了四川省第 j 个部门总的增长优势。由表4-4可知，四川省旅行社和旅游景区的总偏离分量分别为7.752和232.492，说明这两个行业都具有增长优势，其中旅游景区的增长优势最为明显。而饭店业的总偏离分量为负，说明饭店业没有增长优势，反而呈现拖后腿的情况。

综合上述分析可知，四川省旅游景区供给水平相对全国而言，具有极大的竞争优势，在供给方面可以考虑增加供给；在旅行社的供给方面，其竞争力相对全国的旅行社而言则偏弱，需要进一步提升旅行社的服务质量；饭店业在各方面都不理想，出现典型的供给过剩、供给质量偏低的问题。为此，需要进一步采取各种措施，如对饭店业的经营内容和经营范围进行适当调整，拓展会议服务、旅游商品服务等，提高饭店业的业务收入。

四、旅游产品供给效益评价

（一）全国旅游产业效率

本书对全国旅行社、星级酒店数量和景区数量进行统计，作为旅游投入要素，将旅游人次数和旅游收入作为产出，得到如下的统计数据，如表4-5所示。其中景区得分参考四川省A级景区旅游收入的比例情况，5A、4A、3A级旅游景区的平均收入之比为11.5∶4.3∶1。为此，将5A、4A、3A级景区转换为景区得分，每个5A、4A、3A级旅游景区得分分别为11、4和1。

表 4-5　全国旅游投入与产出指标情况表

省区市	旅游收入/亿元	旅游人次数/亿	旅行社数量	景区总数	5A级景区数	4A级景区数	3A级景区数	2A级景区数	1A级景区数	景区得分	星级饭店总数
北京	5 469	2.974 6	1 396	249	7	71	119	45	7	480	496
天津	3 545.44	2.11	475	108	2	31	52	23	0	198	80
河北	6 140.9	5.7	1 382	403	9	114	131	148	1	686	338
山西	5 360.21	5.6	790	172	7	91	53	19	2	494	203
内蒙古	3 440.1	1.164 6	992	374	4	117	114	138	1	626	242
辽宁	4 740.8	5.059 72	1 246	454	5	115	254	72	8	769	336
吉林	3 507.04	1.924 13	615	238	6	57	93	68	14	387	115
黑龙江	1 909	1.64	781	410	5	108	149	129	19	636	187
上海	4 485	3.7	1 382	99	3	50	46	0	0	279	223
江苏	11 600	7.47	2 364	630	23	190	224	193	0	1 237	514
浙江	9 322.67	6.41	2 216	700	16	195	337	143	9	1 293	585
安徽	6 197	6.31	1 104	586	11	188	258	127	2	1 131	294
福建	5 083.1	3.83	897	280	9	90	155	26	0	614	306
江西	6 470	5.725 35	765	357	10	121	176	50	0	770	281
山东	9 200	7.8	2 220	1 173	11	215	567	376	4	1 548	586
河南	6 751	6.65	974	412	13	146	163	89	1	890	389
湖北	5 514	6.39	1 067	371	10	130	182	47	2	812	364
湖南	7 172.6	6.7	885	389	8	99	249	31	2	733	366
广东	11 993	4.44	2 450	340	12	172	140	16	0	960	658
广西	5 580	5.23	598	422	5	173	230	14	0	977	370
海南	811.99	0.674 5	272	54	6	17	24	7	0	158	120
重庆	3 308.04	5.42	559	223	8	83	78	52	2	498	188
四川	8 923.06	6.7	773	492	12	208	148	122	2	1 112	323
贵州	7 100	7.44	379	255	5	95	139	16	0	574	232
云南	6 922	5.73	900	231	8	71	63	81	8	435	518
西藏	379.37	0.256	251	115	4	12	45	38	16	137	70
陕西	4 813.59	5.23	737	418	8	104	260	44	2	764	300
甘肃	1 580	2.389 73	504	274	4	78	109	81	2	465	304
青海	381.53	0.348 4	284	109	3	24	63	19	0	192	162
宁夏	278	0.3	127	73	4	17	32	20	0	144	94
新疆	1 822	1.07	332	395	12	90	162	124	7	654	322

通过 DEA 模型，可以得到我国各省区市 2014 年、2017 年旅游产业的效率，如表 4-6 所示。

表 4-6　2014 年和 2017 年我国各省区市技术效率值

省区市	2014 年				2017 年			
	经营效率	技术效率	规模效率		经营效率	技术效率	规模效率	
北京	0.791	0.796	0.995	drs	0.636	0.694	0.917	drs
天津	1.000	1.000	1.000	—	1.000	1.000	1.000	—
河北	0.570	0.573	0.995	irs	0.650	0.667	0.974	drs
山西	1.000	1.000	1.000	—	0.874	0.897	0.974	irs
内蒙古	0.352	0.380	0.926	irs	0.370	0.412	0.897	irs
辽宁	0.837	1.000	0.837	drs	0.507	0.523	0.968	irs
吉林	0.526	0.556	0.945	irs	0.719	0.742	0.969	irs
黑龙江	0.329	0.453	0.727	irs	0.291	0.464	0.626	irs
上海	1.000	1.000	1.000	—	1.000	1.000	1.000	—
江苏	0.672	1.000	0.672	drs	0.573	1.000	0.573	drs
浙江	0.663	0.873	0.760	drs	0.459	0.662	0.692	drs
安徽	0.675	0.703	0.959	drs	0.675	0.680	0.993	irs
福建	0.570	0.572	0.996	irs	0.555	0.568	0.977	drs
江西	0.749	0.750	0.998	irs	0.676	0.730	0.926	drs
山东	0.558	1.000	0.558	drs	0.443	1.000	0.443	drs
河南	1.000	1.000	1.000	—	0.582	0.596	0.978	drs
湖北	0.796	0.816	0.975	drs	0.606	0.608	0.996	irs
湖南	0.764	0.795	0.960	drs	0.720	0.765	0.941	drs
广东	1.000	1.000	1.000	—	0.698	1.000	0.698	drs
广西	0.686	0.692	0.991	irs	0.498	0.542	0.918	irs
海南	0.372	0.780	0.477	irs	0.339	0.965	0.352	irs
重庆	1.000	1.000	1.000	—	0.899	0.928	0.969	irs
四川	1.000	1.000	1.000	—	0.837	1.000	0.837	drs
贵州	1.000	1.000	1.000	—	1.000	1.000	1.000	—
云南	0.802	0.808	0.992	irs	1.000	1.000	1.000	—
西藏	0.392	1.000	0.392	irs	0.172	1.000	0.172	irs
陕西	0.692	0.692	1.000	—	0.544	0.565	0.963	irs

表4-6(续)

省区市	2014 年				2017 年			
	经营效率	技术效率	规模效率		经营效率	技术效率	规模效率	
甘肃	0.345	0.476	0.725	irs	0.395	0.549	0.719	irs
青海	0.113	0.626	0.180	irs	0.139	0.741	0.187	irs
宁夏	0.193	1.000	0.193	irs	0.160	1.000	0.160	irs
新疆	0.156	0.339	0.460	irs	0.293	0.554	0.528	irs

如表 4-6 所示，2014 年，四川省经营效率、技术效率和规模效率全部达到最大值 1。由此可见，四川省旅游业的效率整体较高。此外，天津、山西、上海、河南、重庆、贵州等的效率都达到了最大值 1。

2017 年，四川省旅游业的技术效率为 1，说明在这方面，四川省的效率较高；经营效率和规模效率都为 0.837（经营效率=技术效率×规模效率），小于 1，说明在这两个方面，四川省的效率不是处于最优状态。最优状态的省区市是天津、上海、贵州和云南。此外，最后一列表示，四川省的规模效率呈现递减的状况。由此可见，四川省需要在规模效率方面进一步优化，如通过行业间、地区间协作水平的提升，以及产业集群的进一步加强，来提高四川省旅游业的规模效率，从而提高经营效率。

（二）四川省各地市州旅游产品效率分析

根据 2017 年四川省各市州旅游景区得分、住宿从业人员数量、餐饮从业人员数量以及旅行社数量，得出旅游业投入产出的效率。其中，旅游景区得分由各市州 A 级景区的数量分别加权得到——每个 5A 级旅游景区得分为 10 分，每个 4A 级旅游景区得分为 7 分，每个 3A 级旅游景区得分为 5 分，每个 2A 级旅游景区得分为 2 分，每个 1A 级旅游景区得分为 1 分，2017 年四川省旅游相关数据统计如表 4-7 所示。

表 4-7　2017 年四川省旅游相关数据统计表

序号	城市、自治州	旅游人次数/万人次	旅游收入/亿元	A 级旅游景区得分	住宿从业人员	餐饮从业人员	旅行社数量
1	成都市	20 703.81	2 946.24	497.00	30 593.00	53 085.00	311.00
2	自贡市	4 025.54	340.90	79.00	1 968.00	2 045.00	15.00
3	攀枝花市	2 317.44	279.28	58.00	2 140.00	802.00	19.00
4	泸州市	4 934.58	441.82	150.00	2 256.00	2 759.00	19.00

表4-7(续)

序号	城市、自治州	旅游人次数/万人次	旅游收入/亿元	A级旅游景区得分	住宿从业人员	餐饮从业人员	旅行社数量
5	德阳市	3 341.13	284.91	69.00	2 472.00	4 004.00	38.00
6	绵阳市	5 292.32	533.14	162.00	4 783.00	5 034.00	56.00
7	广元市	4 514.47	334.56	219.00	3 227.00	540.00	21.00
8	遂宁市	4 356.51	385.19	67.00	1 129.00	2 769.00	10.00
9	内江市	3 898.55	263.35	46.00	1 304.00	3 782.00	18.00
10	乐山市	5 100.80	765.72	170.00	2 484.00	1 748.00	56.00
11	南充市	4 796.50	458.02	141.00	2 751.00	5 068.00	31.00
12	眉山市	4 356.60	356.65	99.00	2 391.00	1 972.00	6.00
13	宜宾市	5 218.36	538.71	251.00	2 855.00	1 411.00	24.00
14	广安市	3 879.23	350.71	113.00	1 915.00	2 109.00	13.00
15	达州市	2 232.99	171.08	147.00	3 493.00	2 904.00	10.00
16	雅安市	3 192.25	255.05	167.00	1 903.00	148.00	8.00
17	巴中市	2 630.00	209.88	145.00	2 476.00	3 019.00	8.00
18	资阳市	2 243.85	161.89	35.00	832.00	1 642.00	9.00
19	阿坝州	2 904.29	234.63	160.00	2 063.00	335.00	19.00
20	甘孜州	1 651.42	164.31	83.00	1 562.00	172.00	8.00
21	凉山州	4 419.22	361.08	139.00	3 398.00	1 292.00	30.00

本书使用 DEAP Version 2.1 软件，运用 DEA 方法计算得到四川省各市州旅游产业的效率，具体如表 4-8 所示。

表 4-8　2017 年四川省各市州旅游业投入产出效率表

序号	城市、自治州	经营效率	技术效率	规模效率	边际效率	总体水平
1	成都市	1.000	1.000	1.000	—	1
2	自贡市	1.000	1.000	1.000	—	1
3	攀枝花市	1.000	1.000	1.000	—	1
4	泸州市	0.835	1.000	0.835	drs	7
5	德阳市	0.717	0.741	0.968	irs	8

表4-8(续)

序号	城市、自治州	经营效率	技术效率	规模效率	边际效率	总体水平
6	绵阳市	0.609	0.810	0.752	drs	9
7	广元市	0.952	1.000	0.952	drs	3
8	遂宁市	1.000	1.000	1.000	—	1
9	内江市	1.000	1.000	1.000	—	1
10	乐山市	1.000	1.000	1.000	—	1
11	南充市	0.585	0.702	0.833	drs	10
12	眉山市	1.000	1.000	1.000	—	1
13	宜宾市	0.973	1.000	0.973	drs	2
14	广安市	0.852	0.857	0.995	irs	6
15	达州市	0.348	0.635	0.547	irs	12
16	雅安市	1.000	1.000	1.000	—	1
17	巴中市	0.517	0.831	0.623	irs	11
18	资阳市	0.947	1.000	0.947	irs	4
19	阿坝州	0.870	0.883	0.986	irs	5
20	甘孜州	1.000	1.000	1.000	—	1
21	凉山州	0.999	1.000	0.999	drs	1
	平均值	0.867	0.927	0.924		

第三节　旅游产品供给短板分析

一、旅游品牌建设成效待提升

四川省旅游产品品牌从其覆盖的范围来看可以分为省级旅游品牌、省内跨地市州旅游品牌、旅游目的地形象，以及旅游企业品牌尤其是景区品牌四个层面。旅游品牌从其创建的过程来看，包括旅游资源分析、旅游主题定位、旅游产品体系构建、旅游品牌塑造等一系列过程。旅游产品品牌评价指标，主要包括功能要素（如基础设施、人文环境、自然环境和社会环境）和形象要素

（如品牌知名度、品牌美誉度、品牌忠诚度和品牌追随度）两个方面[①]。目前，从四川省内来看，旅游品牌建设方面主要面临的问题有以下几点：

一是省级旅游品牌缺乏丰富的旅游产品体系支撑。国宝大熊猫、古蜀文化、三星堆、童话世界九寨沟是四川省的三大旅游品牌，但支撑性和延展性的旅游产品还不够丰富，未能将品牌的效益扩大。如熊猫作为广受喜爱的文化娱乐题材，受到国内外影视媒体的青睐，但熊猫品牌所蕴含的熊猫文化和熊猫经济未能充分发挥出来；古蜀文化、三星堆文化底蕴深厚而且独具特色，但未能将这类文化进行趣味化和体验化的转化，也未能与四川其他古蜀文化如大禹文化、治水文化、三国文化等相互协同发展，其品牌的市场号召力和市场效益未得到充分发挥。

二是跨区域知名旅游品牌建设有待进一步拓展。省内跨区域旅游品牌建设的主体与跨地市州的重要旅游线路有关。目前，四川主要的旅游线路仍然过多倚重九黄线、峨眉乐山旅游线，以及川藏旅游线路，川东北、川西南、川南、川西大部分地区旅游线路品牌的创建和打造效果还不够好。

三是旅游目的地品牌建设有待进一步准确定位和系统化。旅游目的地品牌定位主要体现在旅游目的地形象定位。“2018 四川十大特色旅游品牌”对赏花、避暑、红叶、冰雪、温泉、亲子、阳光、康养、特色乡村民宿、特色旅游商品等主题的旅游目的地进行了网络评选，推动了旅游目的地品牌建设。后续还需围绕这些旅游品牌的旅游产品进一步加大投入。此外，省内还有一些地区仍存在景区品牌不突出，在旅游目的地形象定位方面不准确，形象不鲜明等问题。

四是旅游企业品牌建设成效不显著。如省内与旅游六大要素有关的旅行社、酒店、餐饮等行业的知名企业太少。此外，在旅游企业品牌建设方面仍过多倚重旅游景区，旅游产品要素的协调性和综合性不足，降低了旅游产品体验效果和旅游产品效益。

二、产品结构体系升级不明显

《四川省“十三五”旅游业发展规划》中对旅游产品结构体系供给侧改革的目标是：优化旅游产品结构，积极开发综合型、复合型、高附加值的旅游产品，满足多元化、个性化需求。从目前来看，还存在如下的问题：

---

① 张棚路，江韶华，马舒. 旅游业发展中品牌形象塑造探究［J］. 美与时代·城市，2016（12）：83-84.

一是从旅游产品类型角度看，旅游产品结构仍有待优化。具体体现在旅游项目的类型主要以基础层次的观光为主，高层次的休闲娱乐产品供应不足，高层次的度假康养等类型的旅游产品极其缺乏。通过与广东省进行比较，可知，四川省在休闲度假方面的旅游景区数量远远低于广东省，表明四川省在高端旅游产品方面与旅游强省还存在差距。

二是旅游产品供给要素不协调，未能充分满足游客需求。从旅游产品开发来看，和国内旅游过分倚重景区一样，四川省旅游核心产品载体仍然倚重景区，尤其是高等级的景区。2016 年，四川省 354 家 A 级旅游景区的门票收入为 52. 88 亿元①，其中属于世界遗产的几个景区，门票收入分别为：峨眉山 4. 39 亿元、乐山 2. 5 亿元、都江堰—青城山 3. 6 亿元、九寨沟 8. 05 亿元、黄龙 3. 96 亿元，这 6 个景区的门票收入占了全川 A 级景区门票收入的 42. 5%。旅游产品供给主要依靠游览和娱乐，在美食、住宿、交通、购物方面还主要局限于功能层次，未能达到体验层次。游客在美食、购物方面的消费潜力未得到充分的释放。

三是从旅游产品供给对象看，缺乏对散客的综合服务。我国散客的人数占旅游总人数的90%以上，是推动旅游发展的主要市场。目前旅行社注重于对团队市场的经营，缺乏对散客市场的服务；新兴的互联网企业如携程、同程、去哪儿等提供了范围广泛的散客服务项目，但服务项目不是很具体。能解决以上两类旅游企业供给的脱节性的新兴业态和行业亟待创新，应借助于现代技术如智慧旅游为散客提供精准的“自助+全程”服务。

四是旅游产品供给方式墨守成规。在旅行社方面，以低价旅游产品为主的现状未改变，以观光层次的旅游产品为主，旅游业态方面创新力不足，入境旅游市场的开发滞后。在旅游景区经营的过程中，景区收入来源单一，主要依靠门票、观光车和缆车收入，如 2016 年峨眉山门票收入占到营业收入的 42. 14%，说明景区在其他要素的开发力度不足，效果不佳。此外，酒店面临生产效率低、利润率低、市场竞争压力大、设施和服务落后、产品单一等问题。

① 王琪延，徐玲. 中国城市文化发展指数（2016）［M］. 北京：中国人民大学出版社，2016.

三、旅游产品创新动力不足

（一）旅游产品内涵培育的环境不足

旅游产品内涵是体现旅游产品特色最根本的要素来源，是游客最希望感受和体验的内容，是旅游产品持续保持竞争力的重要基础。2016 年，四川省国内旅游总收入为 7 706 亿元，排名全国第五，增长率则排名第 14；游客接待数量排名全国第三，但游客数量的增速则排名第 29 位。由此可知，一方面四川省在保持较高的增长率方面存在压力，另一方面游客增长速度的排名非常靠后。要保证旅游收入持续增长，需要提高游客的体验效果，提高其增加花费的意愿。提高旅游体验效果需要丰富旅游产品内涵，尤其是文化方面的内涵。城市作为文化的重要载体，是培育旅游产品文化内涵的重要领域，目前四川省主要城市的文化情况为：2016 年，四川省有 16 个城市旅游收入进入全国前 200 名。但只有 7 个城市的文化发展水平进入前 200 名，其中属于文化发展一级水平的有成都，文化发展三级水平的有达州、广元、绵阳、南充、宜宾和自贡。由此可见，四川省各城市在文化发展方面有待加强。存在文化内涵不足的原因主要有：一是缺乏内涵培育的意识。体现在对濒临消失的文化缺乏保护意识；对现代文化缺乏收集和开发。二是主观环境——竞争激烈，商业化倾向严重。与当地文化相关度低的商品所占比重大，甚至占绝大部分。目前，国内很多古镇也都存在过度商业化导致旅游产品逐步庸俗化，最后导致旅游产品缺乏特色、缺乏市场吸引力的问题。三是客观环境——缺乏文化积淀的空间。文化积淀的空间零星，缺乏聚合性、综合性和多样性，导致文化流失、文化雷同和文化单一等问题。

（二）旅游供给的方式缺乏创新

一是缺乏创新的意愿。旅游产品创新缺乏动力，旅游企业都不愿意去创新相关的产品和服务，增长速度逐步放缓。旅游产品培养与创新动力不足的一个重要原因是，投资与收益不匹配，搭便车的倾向突出。投资多收益少，导致旅游企业不愿意对旅游产品进行培育和创新，只是在市场方面下功夫，维持或略微扩大现有经营规模。二是缺乏创新的能力。如 2016 年四川省星级饭店的平均利润率是-5.39%①，总体处于亏损的状况，自身无力进行产品创新，这也

---

① 中华人民共和国国家旅游局. 中国旅游统计年鉴 2017［M］. 北京：中国旅游出版社，2018.

影响整个旅游产品的创新效果。三是缺乏创新的环境。旅游产品的创新不像专利和知识产权那样明确，导致被模仿的情况比较普遍。

四、资源配置效率有待持续提升

（一）旅游产品供给行业的效率有待提高

通过对旅游行业如旅游景区、酒店、旅行社投入产出效率的分析，可以大致了解这些行业所属企业的总体效率。相关研究表明，与省域层面的经济效率比较，四川省的经济效率总体较好，但进一步分析各城市的经济效率，效率问题则凸显出来。以四川省旅游产业发展较好的成都市而言，相关研究表明，2014 年成都市的旅游业综合技术效率、纯技术效率及规模效率值分别为 0.795、0.819、0.971，处于规模报酬递增阶段，表明其技术管理水平较高，而规模效率还有提升空间①。相对其他城市而言，旅游供给的效率仍有待提升。

（二）旅游产品供给行业的效益有待提高

根据《中国国内旅游发展年度报告 2017》对国内旅游地区的分类，国内旅游极发达地区有江苏、浙江、广东、山东；国内旅游发达地区有安徽、河北、四川、湖北、河南、北京、江西、湖南、辽宁、福建②。相关研究表明，四川省旅游业在取得成绩的同时，与国内旅游强省仍存在差距，主要体现在旅游产业与其他产业的融合度不高，休闲度假产品开发滞后，区域发展不平衡，旅游企业竞争力弱，入境旅游发展缓慢等方面。从目前游客的消费水平来看，四川省的旅游消费总体水平较高，但平均消费水平偏低。在入境旅游接待方面，以 2016 年入境过夜游客人均天花费情况来看，四川省人均天花费为 193.32 美元，仅排在第 19 位；入境游客平均停留的天数为 1.83 天，位列第 30 位③。

（三）旅游景区对旅游目的地的经济带动作用有待提升

景区产业集聚程度是评价景区对地区经济带动作用的重要指标。根据景区产业集聚程度可将景区发展阶段分为由低到高三个阶段——资源景区组合集聚

① 杨春梅，赵宝福. 中国著名旅游城市旅游业的效率研究［J］. 旅游科学，2014（1）：65-75.

② 中国旅游研究院. 中国国内旅游发展年度报告 2017［M］. 北京：旅游教育出版社，2017.

③ 中华人民共和国国家旅游局. 中国旅游统计年鉴 2017［M］. 北京：中国旅游出版社，2018.

阶段、度假要素配合集聚阶段、相关产业（资源属性 + 空间范围相关产业）融合集聚阶段①。数据表明：四川省青城山—都江堰、峨眉山、九寨沟和海螺沟四个5A级旅游景区发展到了第二阶段，其余8个5A级旅游景区产业集聚仍处于第一个阶段。由于对旅游景区与旅游目的地总体形象塑造以及旅游线路关系方面的考虑不足，一些地市县即使拥有高等级的旅游景区，对当地总体旅游业的带动作用也未能充分发挥；一些缺乏高等级旅游景区的地市县，难以树立旅游目的地形象，缺乏市场影响力。

第四节 旅游产品供给优化路径分析

一、市场开拓路径分析

（一）巩固和提高重点市场旅游产品供给的质量

一是观光类旅游产品市场。相关研究表明，四川省旅游景区的效率仍然比较高，这些景区主要还是以观光为主，可以说，尽管旅游产品的结构层次还需要优化，但传统的观光层次的旅游收入仍然是旅游收入的重要来源，还需要进一步巩固和提高观光类旅游产品层次以维持这类旅游市场。二是国内旅游市场。最近几年四川省旅游市场的情况表明，四川省旅游收入的增速排名和旅游人数的增速排名非常靠后，因此，四川省旅游市场的一个重要方向就是增加旅游的平均消费层次。

（二）探索新兴市场需求特点，完善旅游产品供给方式

参考国内新兴旅游市场发展的趋势，以及文化与旅游部对新兴产业的布局，进一步探索在如下一些领域开发新兴旅游产品：健身休闲产业、体育旅游、自驾车旅居车旅游、中医药健康旅游、国家现代农业庄园、高品质乡村旅游、非物质文化遗产等。通过旅游示范区、旅游资格评价等促进这些新兴市场的开发。

（三）挖掘潜在市场消费，弥补旅游产品供给短板

一是入境旅游市场。从目前四川省旅游收入的构成看，四川省入境旅游与国内旅游的比例低于全国平均水平，这与四川省旅游资源丰富的旅游大省形象

① 刘少和，桂拉旦. 西部地区5A级景区旅游产业融合集聚研究［J］. 甘肃社会科学，2018（5）：213-219.

不相符合。因此，应加大对国际市场的旅游收入，有必要针对入境游客的需求，做好相关的市场营销，提高这类潜在市场的规模。二是散客市场。散客市场所占比重大，散客的总量和消费水平是旅游收入提升的重要突破口，通过现代技术的引入，拓宽对散客的各类综合服务尤其是信息服务等途径，提高散客的总量和消费水平。

二、旅游供给新动力分析

通过融合旅游发展新理论、新业态、新技术，推动旅游产品供给创新，具体如下：

（一）以旅游发展新理论为指引，确保旅游产品供给侧改革的科学性

一是国家层面的发展理论。指导旅游业发展的理论如“新常态”理念，“创新、协调、绿色、开放、共享”五大发展理念、供给侧结构性改革、经济高质量发展等理论对旅游发展有非常大的指导意义。二是对旅游业发展有直接影响的理论。重要的理论如全域旅游理论，“旅游+”发展理念，可持续发展理念等。

（二）积极探索旅游新兴业态开发，丰富旅游产品供给类型

促进旅游+互联网、新农村建设、大众创业、文化、休闲、研学、健康养老、房车自驾、运动、购物、交通、金融等的旅游业态、组织模式、商业形态、服务流程的创新发展，鼓励发展精品酒店、主题酒店、乡村民宿，引导旅游消费。通过大力推动旅游业与其他相关产业的融合，推出出更多的满足游客需求的新产品和新业态，丰富旅游产品供给类型。

（三）加大新技术在旅游业中的普及，促进旅游产品结构优化

旅游新技术主要有“互联网+”创新思维，大力推进旅游信息化建设。将旅游信息化融入旅游产品的设计过程、开发过程、经营过程中，提升旅游开发效率和旅游产品品质。在“互联网+”的基础上，进一步细化，具体有：通过智慧旅游提高旅游服务的及时性、便利性。通过大数据了解旅游消费的变化趋势。以大数据引导旅游发展，可有效对旅游消费者的需求做出准确判断，适时开发满足游客需求的旅游产品，合理引导游客的需求。在需求的内容方面，利用大数据对需求现状进行深入的分析；在需求变化趋势方面，则可以利用 AI 技术分析未来需求的变化趋势。

三、旅游产品供给效益提升分析

通过把握旅游特色发展、协同发展、集聚发展，提升旅游产品供给效益，具体如下：

（一）找准旅游产品特色优势，突出市场形象

旅游产品特色发展可以从旅游产品供给的地区、行业、企业等角度进行分析，也可以从旅游资源内涵挖掘、旅游主题定位、旅游产品创新性开发、旅游产品体系构建、旅游品牌塑造等环节突出旅游产品特色。主要从三个方面实现特色发展，一是相互合作，在更广的领域创造新的旅游产品品牌；二是把一个主题做精、做透；三是围绕一个主题做大做强。如从地区角度来看，一是强化跨区域的旅游品牌建设。在缺乏世界遗产的地区，跨区域旅游品牌的建设极为重要。其中川东地区可以考虑跨区域红色旅游产品打造，川南地区可以考虑酒文化旅游产品打造，川西地区可以考虑藏族、羌族、彝族文化走廊旅游产品。二是找准旅游产品主题，围绕旅游主题，完善主题内容。特色旅游产品不在于多，多则无特色。三是以特色旅游产品带动相关旅游产品，丰富旅游产品体系。

（二）找准合作共赢点，推动旅游产品协同发展

建设旅游产品体系，客观上要求四川省各区域间协同发展，构建旅游发展共同体，提高区域间产业整合力度，以增强旅游产品的竞争力。现有协同发展比较成功的有九黄线、川藏线、峨眉—乐山线。仍需要通过协同发展突破的地区有川东、川南、川西。如川西地区少数民族旅游资源丰富，但分布广泛，需要提炼主题协同发展。围绕藏传佛教、红军长征、格萨尔王、藏族文化习俗、藏族民居文化、彝族文化习俗等主题进行跨区域旅游产品开发。川东红色旅游资源丰富如小平故里、朱德故里、陈毅故里、王坪烈士陵园以及相连的重庆如红色旅游资源聂荣臻故里、刘伯承故里、杨尚昆故里等，可以考虑跨区域红色旅游产品协同发展。川南酒文化突出，如泸州老窖、宜宾五粮液，以及贵州的茅台，可以在酒文化方面跨区域协同发展。

做好行业间的协同发展。旅游业与农业、旅游业与文化产业、旅游业与信息产业、旅游业与影视动漫产业等的融合尚待进一步展开。如乡村旅游产品在成都市发展较好，但在其他地市州发展效果则不好。

促进企业间的协同发展。协调利益冲突，提高协同发展水平，处理旅游行业间、旅游企业间的过度竞争。旅游企业自身在经营方面的效率还做得不够

好，旅游企业之间过度竞争，缺乏协作。同类旅游企业之间存在不合理的竞争，导致旅游产品服务水平一直得不到改善和提升。如四川省旅行社协会会长王兆学提道，“不合理低价游”和旅行社恶性竞争有关，“这几年，旅行社的产能严重过剩，同时，旅游行业门槛低，从业人员过多，恶性竞争，产能过剩导致了不合理低价。”不同类型的旅游企业之间缺乏协作。旅游企业在旅游产品各个环节的主体角色不明确，收益不一致。

（三）通过旅游要素集聚发展，降低旅游产品供给成本

通过加强要素在空间的集聚，提高资源的优化配置。横向上看，旅游产品是一个综合体系，包括“吃、住、行、游、购、娱”。纵向上看，旅游产品涉及设计、开发、销售等多个环节。游客从旅游前的旅游准备工作开始到完成旅游，其间所涉及的一切产品和服务，都是旅游产品体系的组成部分。要素的集聚可以有效降低旅游产品供给成本，同时为游客提供高质量的旅游综合体验。

四、旅游产品供给政策优化分析

通过充分发挥政策的引导作用、保障作用和促进作用，提升旅游产品供给水平，具体如下：

（一）通过旅游政策引导旅游产品供给结构优化

通过旅游规划和规定性文件进一步引导旅游产品供给水平的提升。文化与旅游部将旅游政策分为旅游法规、旅游规划和规定性文件，引导旅游产品供给的相关政策主要与旅游规划和规范性文件相关。具体体现在，一是与旅游直接相关的，如最近三年国家出台的旅游法规，相关规划有旅游“十三五”规划，生态、旅游标准化，厕所建设，生态文化，贫困地区基础设施、自行车运动产业等；方案和办法有乡村旅游发展提质升级、交通与旅游融合发展、健身休闲产业、自交友旅居车、体育旅游等。二是与国家政策相关的，应紧跟国家政策发展要求，拓展改革发展空间。旅游业作为一个国家经济的一部分，受国家大政方针政策的影响较大。如“一带一路”倡议、“长江流域发展”“精准扶贫”“乡村振兴”等发展主题。三是相关的其他行业和领域，如特色小城镇的建设、精准扶贫工程等。

（二）通过旅游政策降低旅游产品供给侧改革的风险

改革对于企业而言存在风险，需要以政府为主导，以企业为主体，全面统筹协调，为改革创新的企业提供一定的保障，才能提高这些企业参与供给侧改革的积极性，从而及时有效推动经济发展质量全面提升。具体而言，可以采取

如下政策措施：一是对新型旅游产品进行政策上的扶持。通过示范基地、资格认定等形式，加大对企业创新的政策扶持。二是加大对创新成果的保护力度。一方面加大知识产权的保护力度，另一方面通过品牌宣传、资格认定等保护创新企业的利益。三是扫清影响企业创新的障碍。如旅游人才资源的障碍、旅游用地障碍等，通过出台相关政策和细则，及时有效扫清这些障碍。

（三）通过旅游政策促进旅游产品重点领域取得突破

一是提高旅游产品供给侧改革执行力。通过改革旅游行政管理体制，推动“旅游管理”向“旅游治理”转变，增强旅游相关部门间的统筹协调和旅游措施的执行效果，如通过“局改委”，提高旅游规划的执行效果。

二是通过示范区加强旅游产品供给探索。通过示范区总结实际的经验和理论，促使旅游产品重点领域取得突破。具体的示范区如全域旅游示范区、国家公共文化服务体系示范区、工业旅游示范基地等。

三是通过标准制定和资格认证，提高旅游产品供给主体参与的积极性。相关的标准制定和资格认证如下：国家旅游示范单位评定、国家传统工艺振兴目录等。

五、本章结论

通过旅游产品内涵培育、旅游产品开发与经营、旅游产品品牌建设，以及旅游产品效率四个方面对四川省旅游产品供给现状进行分析，得到这些旅游产品供给侧问题产生的深刻原因。针对四川省供给侧问题产生的原因，可以考虑从四个方面入手提高旅游产品供给的水平：把握重点市场、潜在市场和新兴市场，提高旅游产品供给的针对性；融合旅游发展新理论、新业态、新技术，推动旅游产品供给创新；把握旅游特色发展、协同发展、集聚发展，提升旅游产品供给效益；充分发挥政策的引导作用、保障作用和促进作用，提升旅游产品供给水平。

第五章　四川省旅游公共服务供给分析

第一节　旅游公共服务体系概述

一、旅游公共服务体系概念

旅游公共服务是指通过政府和其他组织提供的，不以营利为目的，具有明显公共性的，以满足旅游者共同需要的公共产品和公共服务的总称。旅游公共服务体系则是旅游管理相关部门为满足国内外游客对旅游公共服务的需求而提供的具有公益性特征的公共产品与服务①。旅游公共服务主要界定旅游公共服务的类型和结构，旅游公共服务体系则侧重研究如何有效整合旅游公共服务资源的问题。

二、旅游公共服务体系研究现状

关于旅游公共服务体系的分类，不同的学者有不同的分类，但总体涵盖的内容都差不多，如：将旅游公共服务体系分为旅游基础设施类服务、公共信息类服务、旅游行业指导类服务和旅游公共安全监测类服务四个大类。常文娟等则构建了普适性旅游公共服务体系，该体系由旅游公共服务需求主体、供给主体、服务内容及旅游公共服务运行保障四个方面构成②。2011 年国家旅游局通过的《中国旅游公共服务“十二五”专项规划》中，将旅游公共服务体系其分为旅游公共信息服务、旅游交通便捷服务、旅游安全保障服务、旅游惠民便民服务和旅游行政服务五大体系。

---

① 李爽，黄福才，李建中. 旅游公共服务：内涵、特征与分类框架 [J]. 旅游学刊，2010 (4)：36-38.

② 常文娟，熊元斌，付莹. 论普适性旅游公共服务体系的构建 [J]. 生态经济，31 (1)：135-141.

对旅游公共服务体系的评价方面，如：李爽根据游客对广州公共服务各指标的重要性和绩效表现等对广州公共服务体系进行了综合分析①；蒋婷等运用扎根理论的质性研究方法，探索了需求视阈下旅游公共服务的内涵、要素和形成机制，同时发现公共服务质量问题的关键不在于相关要素的缺失，而在于各要素的衔接是否顺畅，据此提出应以服务协同作为游客旅游公共服务满意实现的重要保障，并提炼出游客所需旅游公共服务的七个维度：旅游厕所、安全与救援、旅游交通、便民服务、投诉处理、公共环境、休闲设施②。李健仪等从游客视角评价的角度构建旅游公共服务质量量表，通过逐级编码、分类，最终确定六个主范畴，分别为旅游公共信息、安全保障、公共交通、便民惠民、行政监管以及宣传教育，并采用因子分析法确定了这些指标的权重③。常文娟则提出了评价旅游公共服务水平的四个衡量标准："公平""效率""效力"及"可持续"④，并将公共服务的内容分为旅游交通便捷服务、惠民便民服务、旅游公共信息服务、旅游安全保障服务、旅游行政服务、旅游教育服务及旅游公益服务七个方面（包括 27 个具体指标），结合现有统计年鉴的数据以及数据推算，对武汉市的旅游公共服务进行了实证分析⑤。李克强等则从旅游公共信息服务、旅游交通便捷服务、旅游安全保障服务、旅游惠民便民服务和旅游行政服务功能体系五个方面入手，根据游客满意度的调查情况，分析了衡阳市旅游公共服务水平⑥。徐菊凤则对通用基础设施状况、旅游基础设施状况、旅游信息服务、旅游安全保障条件、游客利益维护服务、当地软环境、旅游公共服务七个方面及其下属指标进行了重要性分析，了解散客对公共服务的需求情况，从而为完善公共服务提供了依据⑦。

在旅游公共服务对策方面，魏小安认为中国旅游公共服务体系不健全，需要从以下三个方面着手：一个基础——假日制度，这是最基础、最重要的公共政策；两个重点——法规和标准；六个抓手——公共旅游产品、咨询中心、信

① 李爽. 旅游公共服务体系建构［M］. 北京：经济管理出版社，2015.

② 蒋婷，张峰. 需求视阈下旅游公共服务的内涵和形成机制［J］. 企业经济，430（6）：164-170.

③ 李健仪，谢礼珊，关新华. 旅游公共服务质量量表的设计与检验［J］. 旅游学刊，2016，31（11）：117-127.

④ 常文娟. 论旅游公共服务水平的评价标准［J］. 江苏商论，2018（9）：64-67.

⑤ 常文娟，熊元斌. 旅游公共服务水平评价及实证分析［J］. 统计与决策，2015，437（17）：106-109.

⑥ 李克强，罗文，王灿. 衡阳市旅游公共服务测评体系构建与评价［J］. 衡阳师范学院学报，2018，39（6）：97-104.

⑦ 徐菊凤. 旅游公共服务理论与实践［M］. 北京：中国旅游出版社，2013.

息系统、投诉中心、急救中心和公益性服务。徐虹等从游客满意度的角度，分析了天津市旅游公共服务体系各维度的情况①。

通过以上的相关研究可知，准确评价一个地方的旅游公共服务是完善公共服务体系的重要依据。而评价旅游公共服务的途径主要有两类：一类是通过从游客感知的角度，对旅游公共服务进行评价；另一类则是根据现有客观的统计数据进行评价。其中，以游客感知进行评价为主。这其实也有一定的依据，即从使用者的角度进行分析，避免了既当运动员又当裁判的情况，得到的评价更加客观。但同时也应注意到，游客在获得公共服务时，有一定的偏好，而且感受的范围是有局限性的，因此，有必要结合公共服务的供给方来进行评价。

三、旅游公共服务体系研究思路

《四川省“十三五”旅游业发展规划》提出了旅游供给侧总体改革的途径：以旅游理论和制度供给夯实旅游产业发展基础；以旅游服务要素供给补齐旅游公共服务短板；以旅游产品和线路供给调整旅游产品结构体系。由此可见，旅游公共服务是旅游业供给侧结构性改革的重要组成部分。通过对全省21个地市州进行对比分析，可以发现各地市州在公共服务供给方面的优势，以及存在的不足。具体研究思路如图5-1所示。

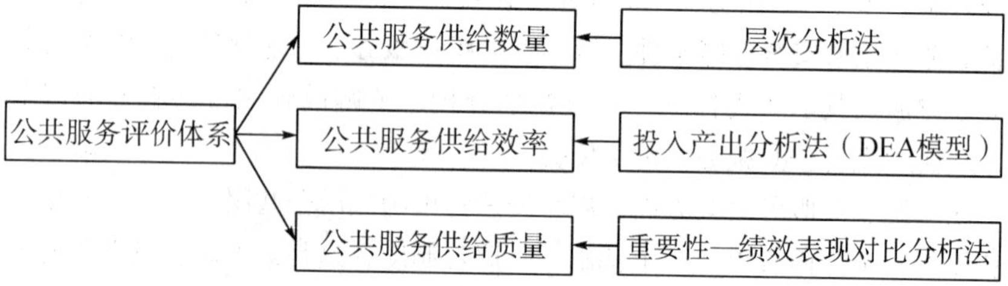

图5-1 四川省旅游公共服务供给研究思路

总体思路是对全省21个地市州进行对比分析。主要分析旅游公共服务供给的数量、效率和质量三个方面。其中，在公共服务供给数量方面，构建相关的指标，通过层次分析法，得到公共服务供给情况；在公共服务供给效率方面，则采用投入产出法进行分析，具体采用DEA模型进行分析；在公共服务供给质量方面，则采用重要性—绩效表现对比分析法进行分析。最后在此基础上，分析各地市州在公共服务方面存在的不足，并提出有针对性的完善公共服务供给的路径。

---

① 徐虹，李秋云，马新颖. 天津市旅游公共服务供给现状与提升对策调查研究［J］. 天津商业大学学报，2016，36（3）：3-10.

第二节　旅游公共服务评价体系构建

一、旅游公共服务体系评价程序

一是评价对象的选择。公共服务指标体系评价的对象适宜于对城市进行研究。城市是公共服务提供的主要场所，城市在公共服务提供方面具有较大的独立性，从而导致不同城市的公共服务情况不一样。

二是评价指标的构建。夏杰长和徐金海全面总结了目前旅游公共服务体系存在的问题，主要体现在四个方面：旅游公共服务供给主体单一，有效供给不足；旅游公共服务运行机制不畅，供给效率低下；旅游公共服务体系建设资金短缺，供给质量有待提升；旅游行政管理部门公共服务意识不强①。这些问题最终的表现可以从三个方面进行衡量：一是公共服务供给的数量；二是旅游公共服务供给的质量；三是旅游公共服务供给的效益。造成这些结果的原因则有供给主体单一、运行机制不畅、建设资金短缺、公共服务部门意识不够等。

三是评价指标的量化。从之前的分析可知，评价方式主要有两种，一种是基于现有统计年鉴等数据进行评价；另一种是基于主观的感受，如满意度、重要性等进行评价。

四是评价主体的选择。评价的主体应该涉及三个方面：一是政府，二是企业，三是游客。各个主体三个不同指标所占的权重应该有所不同。如在供给的效益方面，政府和企业应该占较大的权重；在数量和质量方面，三个主体所占的比重可以比较接近。为此，构建起一级评价指标，及其相应的权重。

五是评价方法的构建与数据的收集。公共服务设施的数量和质量分为两个部分，一个是客观的数据和主观评价相结合。二是公共服务体系的效益，主要通过投入产出的效率来进行衡量。

二、旅游公共服务体系评价指标

（一）指标体系层次分析

首先，指标体系评价的对象适宜于对城市进行研究。其次，构建评价主体和一级评价指标。最后，构建评价的具体方式。从之前的分析可知，评价方式

① 夏杰长，徐金海. 以供给侧改革思维推进旅游公共服务体系建设［J］. 河北学刊，2017，37（3）：126-130.

主要有两种，一种是基于现有统计年鉴等数据进行评价；另一种是基于主观的感受，如满意度、重要性等进行评价。为了使两种方式都能采用，为此，需要构建相关的评价。通过以上的相关研究可知，准确评价一个地方的旅游公共服务是完善公共服务体系的重要依据。应以游客感知进行评价为主。但同时也应注意到，游客在获得公共服务时，有一定的偏好，而且是感受的范围是有局限性的，因此，有必要结合公共服务的供给方来进行评价。

（二）公共服务设施评价指标

与公共服务设施相关的评价指标可以参考表 5-1。

表 5-1　旅游公共服务指标与测评方法

概 念	范 畴
设施设备、卫生状况、如厕文明、拥挤度、标识	旅游厕所
全应急预案、消防安全、城市与景区治安管理、气象防灾预警	城市安全
公共 Wi-Fi、在线支付	网络安全
及时救助、救援方便	救援中心
公交车畅通、地铁、公共自行车、公共交通图、交通导引系统、售票点、景区停车场	旅游交通
景区医疗点、及时性、志愿医疗服务、免费药箱、医疗费用、医疗水平	医疗服务
货币兑换、ATM 点、快捷支付	银行网点
残疾人通道、残疾人设施、婴儿服务	无障碍设施
乘车、租车、门票、食宿	旅游一卡通
自驾车营地、停车场、租车	自驾游服务
志愿者导游、旅游宣传册、电子导游	导游服务
投诉渠道、处理时效、投诉接待、处理效果、合同纠纷	投诉处理
绿地绿化、空气、噪音、城市卫生	公共环境
景区拥挤度、食宿场所拥挤度、密度监测、游客指示	旅游密度
友好态度、助人行为、目的地代言人、文化传播	好客居民
休闲设施、城市绿化带、休闲广场	休闲场地
体育馆、科技馆、图书馆、免费文娱场所	文体场馆
咨询点、游客中心、旅游指南、志愿服务、咨询电话	咨询服务

表5-1(续)

概 念	范 畴
Wi-Fi 覆盖点、手机 App、在线旅游平台、全面资讯	信息化
不方便、不舒适、高效	体验性
多种需要、信息全面	多样性
僵硬、人性化、排斥感、温馨感、亲切	互动性

徐菊凤对旅游公共服务重要性进行评价，得到六个评价指标及其对公共服务的影响程度：通用基础设施状况（0.134）、旅游基础设施状况（0.147）、旅游信息服务（0.052）、旅游安全保障条件（0.091）、游客利益维护服务（0.078）、当地软环境（0.14）。再根据这些一级指标及影响程度构建指标权重和二级指标。

在对四川省各市州旅游公共服务进行分析的过程中，可以借鉴以上指标和数据。常文娟、熊元斌和付莹在相关研究中，构建了一个旅游公共服务评价指标体系①。在数据收集过程中，由于数据来自 21 个市州，各地的统计数据不完全一致，导致有的统计数据极难获取，从而难以比较。为此，根据现有四川省各市州统计年鉴及其他统计数据获取的可行性，构建如下旅游公共服务数量评价指标，如表 5-2 所示。

表 5-2　四川省旅游公共服务供给数量评价指标

一级指标	权重	相关指标	权重	指标预处理
通用基础设施状况	0.24	公路旅客周转量	0.04	公路旅客周转量/常住人口数量
		绿地面积	0.04	绿地面积/常住人口数量
		污水处理比例	0.04	不变
		财政支出—商业服务业等事务	0.04	财政支出—商业服务业等事务/常住人口数量
		消费品零售总额	0.04	消费品零售总额/常住人口数量
		境内人民币存款额	0.04	消费品零售总额/常住人口数量

① 常文娟，熊元斌，付莹. 论普适性旅游公共服务体系的构建［J］. 生态经济，2015，31（1）：135-141.

表5-2(续)

一级指标	权重	相关指标	权重	指标预处理
旅游基础设施状况	0.26	A 级景区数量	0.08	5A 级 10 分，4A 级 7 分，3A 级 5 分，2A 级 2 分，1A 级 1 分
		住宿从业人员	0.04	住宿从业人员/常住人口数量
		餐饮从业人员	0.04	餐饮从业人员/常住人口数量
		星级饭店数	0.04	星级饭店数/常住人口数量
		旅行社数量	0.06	旅行社数量/常住人口数量
旅游信息服务	0.1	移动电话交换机	0.05	移动电话交换机/常住人口数量
		电信主营业务收入	0.05	电信主营业务收入/常住人口数量
旅游安全保障条件	0.16	全市交通事故次数	0.04	常住人口数量/全市交通事故次数
		财政支出—公共安全	0.04	财政支出—公共安全/常住人口数量
		卫生技术人员数	0.04	卫生技术人员数/常住人口数量
		保费收入	0.04	保费收入/常住人口数量
当地软环境	0.24	财政支出—文化体育与传媒	0.08	财政支出—文化体育与传媒/常住人口数量
		艺术表演团体、公共图书馆、文化馆、博物馆从业人数	0.08	艺术表演团体、公共图书馆、文化馆、博物馆人数/常住人口数量
		文化站从业人员	0.08	文化站从业人员/常住人口数量

（三）旅游公共服务效益评价指标

分析效益的方法比较多，比较实用的方法则是投入产出分析方法，其中，数据包络分析方法比较实用。在产出方面则选择旅游总收入和旅游人数作为产出。在投入指标——公共设施供给数量指标的选择方面，由于产出采用总量指标，而不是人均指标，因此，投入指标也选择总量指标。最后得到投入指标，如表 5-3 所示。

表 5-3　四川省旅游公共服务投入产出评价指标

指标类型	指标分类	具体指标
投入类指标	通用基础设施状况	公路旅客周转量（万人千米） 城市绿化覆盖率 消费品零售总额（万元） 财政支出—商业服务业等事务/万元
	旅游基础设施状况	A 级景区数量 住宿从业人员 餐饮从业人员 星级饭店数
	旅游信息服务	国际互联网用户数 移动电话交换机（万户）
	旅游安全保障条件	财政支出—公共安全 卫生技术人员数 交通事故次数
	当地软环境	文化站从业人员 财政支出—文化体育与传媒（万元） 艺术表演团体、公共图书馆、文化馆、博物馆从业人数
产出类指标	旅游收入 旅游人次数	旅游总收入 旅游人次总数

（四）旅游公共服务质量评价指标

本书旅游公共服务质量评价指标参考李爽对广州市公共服务重要性与绩效表现的分析①。主要指标如表 5-4 所示。

表 5-4　旅游者对旅游公共服务的重要性认知与实际感知的差异比较

指标	具体项目		重要性	绩效表现
旅游基础设施类服务	1	旅游交通可达性		
	2	旅游交通节点服务设施（如停车场、站点、码头等）		
	3	旅游特色购物街区		
	4	旅游集散中心服务		
	5	特殊旅游群体服务（老年人、孕妇、残疾人等）		
	6	城市休憩设施		
	7	城市一般便利设施（如金融、卫生、通信）		
	8	环保厕所		

① 李爽. 旅游公共服务体系建构［M］. 北京：经济管理出版社，2015.

表5-4(续)

指标		具体项目	重要性	绩效表现
旅游公共信息类服务	9	城市旅游标识系统（如导示牌、交通引导标识、公共场所服务标识等）		
	10	旅游咨询中心服务		
	11	旅游资讯平台		
	12	多媒体旅游触摸屏信息服务		
	13	旅游政务网		
	14	公益性景区解说服务		
旅游行业指导类服务	15	旅游从业人员服务规范		
	16	旅游生态环境		
	17	旅游资源开发管理和保护		
	18	旅游消费促进服务		
	19	大型旅游公益宣传活动		
	20	旅游志愿者服务		
	21	旅游惠民便民政策法规		
旅游安全监测类服务	22	旅游者权益保护和投诉处理		
	23	旅游消费环境监管（如酒店、交通、旅行社、景区等）		
	24	旅游保险服务		
	25	突发事件应急和救援服务		
	26	旅游安全监测和救援服务		
	27	旅游公共安全服务设施（如交通安全、游乐设施安全、消防安全）		

第三节　旅游公共服务体系评价

一、旅游公共服务数量评价

通过对以上对指标的构建，对四川省 21 个市州进行数据收集。然后根据所在城市的人口，得到人均拥有量；再对人均拥有量数据进行标准化处理；同属一类一级指标的二级指标的权重取相同值，从而得到六类一级指标的评价值；最后，按照之前给定的一级指标的权重，得到各城市总的得分。具体结果如表 5-5 所示。

表 5-5　四川省 21 个市州旅游公共服务供给数量评价表

城市、自治州	通用基础设施	旅游基础设施	旅游信息	旅游安全保障	当地软环境	总分	排名
成都市	15.88	13.24	10.00	10.28	9.44	58.84	2
自贡市	8.00	3.36	3.50	3.60	5.20	23.66	10
攀枝花市	7.80	11.20	3.30	6.48	7.76	36.54	4
泸州市	7.52	3.44	5.00	5.64	0.88	22.48	11
德阳市	7.28	4.92	4.85	4.36	3.20	24.61	9
绵阳市	8.16	6.80	5.75	4.04	4.72	29.47	7
广元市	5.92	7.96	1.90	3.72	6.88	26.38	8
遂宁市	8.00	2.84	1.60	3.92	1.60	17.96	16
内江市	6.40	2.08	1.20	2.36	1.76	13.80	19
乐山市	6.92	8.36	5.30	3.36	10.48	34.42	5
南充市	4.92	2.72	1.40	3.96	2.80	15.80	18
眉山市	5.36	3.48	3.40	4.68	1.68	18.60	15
宜宾市	6.04	4.20	4.30	2.76	2.08	19.38	13
广安市	5.96	3.56	1.65	4.04	4.96	20.17	12
达州市	1.92	1.84	1.05	4.80	2.32	11.93	21
雅安市	5.96	10.20	2.40	3.84	8.56	30.96	6
巴中市	4.04	3.76	1.85	3.92	5.12	18.69	14
资阳市	4.84	1.64	1.45	2.64	2.72	13.29	20
阿坝州	12.76	20.32	1.95	6.48	23.12	64.63	1
甘孜州	7.00	7.40	1.75	6.28	22.56	44.99	3
凉山州	5.40	3.44	1.40	2.04	5.12	17.40	17

二、旅游公共服务效益评价

通过 DEA 模型，可以得到四川省各市州 2017 年旅游公共服务的效率，如表 5-6 所示。

（一）通用基础设施供给效率分析

四川省通用基础设施供给效率分析如表 5-6 所示。

表 5-6　四川省 21 个市州旅游公共服务——通用基础设施供给效率

序号	城市、自治州	经营效率	技术效率	规模效率	边际效率	效率均值	总体水平
1	成都市	0. 923	1. 000	0. 923	drs	0. 95	2
2	自贡市	1. 000	1. 000	1. 000	—	1. 00	1
3	攀枝花市	1. 000	1. 000	1. 000	—	1. 00	1
4	泸州市	0. 746	0. 972	0. 767	drs	0. 83	6
5	德阳市	0. 553	0. 559	0. 988	irs	0. 70	10
6	绵阳市	0. 693	1. 000	0. 693	drs	0. 80	9
7	广元市	1. 000	1. 000	1. 000	—	1. 00	1
8	遂宁市	1. 000	1. 000	1. 000	—	1. 00	1
9	内江市	1. 000	1. 000	1. 000	—	1. 00	1
10	乐山市	1. 000	1. 000	1. 000	—	1. 00	1
11	南充市	0. 734	0. 821	0. 894	drs	0. 82	7
12	眉山市	1. 000	1. 000	1. 000	—	1. 00	1
13	宜宾市	0. 729	0. 878	0. 830	drs	0. 81	8
14	广安市	0. 994	0. 995	0. 999	irs	1. 00	1
15	达州市	0. 339	0. 432	0. 785	irs	0. 52	11
16	雅安市	1. 000	1. 000	1. 000	—	1. 00	1
17	巴中市	0. 779	0. 879	0. 886	irs	0. 85	5
18	资阳市	0. 891	1. 000	0. 891	irs	0. 93	3
19	阿坝州	1. 000	1. 000	1. 000	—	1. 00	1
20	甘孜州	1. 000	1. 000	1. 000	—	1. 00	1
21	凉山州	0. 794	0. 796	0. 997	drs	0. 86	4
	平均值	0. 865	0. 921	0. 936			

（二）旅游基础设施供给效率分析

四川省旅游基础设施供给效率分析如表 5-7 所示。

表 5-7　四川省 21 个市州旅游公共服务——旅游基础设施供给效率

序号	城市、自治州	经营效率	技术效率	规模效率	边际效率	效率均值	总体水平
1	成都市	1. 000	1. 000	1. 000	—	1. 00	1
2	自贡市	1. 000	1. 000	1. 000	—	1. 00	1

表5-7(续)

序号	城市、自治州	经营效率	技术效率	规模效率	边际效率	效率均值	总体水平
3	攀枝花市	1.000	1.000	1.000	—	1.00	1
4	泸州市	0.835	1.000	0.835	drs	0.89	7
5	德阳市	0.717	0.741	0.968	irs	0.81	8
6	绵阳市	0.609	0.810	0.752	drs	0.72	9
7	广元市	0.952	1.000	0.952	drs	0.97	3
8	遂宁市	1.000	1.000	1.000	—	1.00	1
9	内江市	1.000	1.000	1.000	—	1.00	1
10	乐山市	1.000	1.000	1.000	—	1.00	1
11	南充市	0.585	0.702	0.833	drs	0.71	10
12	眉山市	1.000	1.000	1.000	—	1.00	1
13	宜宾市	0.973	1.000	0.973	drs	0.98	2
14	广安市	0.852	0.857	0.995	irs	0.90	6
15	达州市	0.348	0.635	0.547	irs	0.51	12
16	雅安市	1.000	1.000	1.000	—	1.00	1
17	巴中市	0.517	0.831	0.623	irs	0.66	11
18	资阳市	0.947	1.000	0.947	irs	0.96	4
19	阿坝州	0.870	0.883	0.986	irs	0.91	5
20	甘孜州	1.000	1.000	1.000	—	1.00	1
21	凉山州	0.999	1.000	0.999	drs	1.00	1
	平均值	0.867	0.927	0.924			

(三）旅游信息供给效率分析

四川省旅游信息供给效率分析如表5-8所示。

表5-8　四川省21个市州旅游公共服务——旅游信息供给效率

序号	城市、自治州	经营效率	技术效率	规模效率	边际效率	效率均值	总体水平
1	成都市	0.381	1.000	0.381	drs	0.59	9
2	自贡市	0.453	0.766	0.591	drs	0.60	8
3	攀枝花市	0.856	1.000	0.856	drs	0.90	2
4	泸州市	0.324	0.657	0.494	drs	0.49	13

表5-8(续)

序号	城市、自治州	经营效率	技术效率	规模效率	边际效率	效率均值	总体水平
5	德阳市	0.264	0.345	0.766	drs	0.46	15
6	绵阳市	0.332	0.660	0.503	drs	0.50	12
7	广元市	0.673	1.000	0.673	drs	0.78	5
8	遂宁市	0.519	1.000	0.519	drs	0.68	6
9	内江市	0.538	0.696	0.773	drs	0.67	7
10	乐山市	0.725	1.000	0.725	drs	0.82	3
11	南充市	0.434	0.802	0.541	drs	0.59	9
12	眉山市	0.430	0.808	0.532	drs	0.59	9
13	宜宾市	0.431	0.827	0.521	drs	0.59	9
14	广安市	1.000	1.000	1.000	—	1.00	1
15	达州市	0.175	0.233	0.751	irs	0.39	16
16	雅安市	0.710	0.777	0.914	drs	0.80	4
17	巴中市	0.267	0.295	0.906	irs	0.49	14
18	资阳市	0.400	0.543	0.736	irs	0.56	11
19	阿坝州	1.000	1.000	1.000	—	1.00	1
20	甘孜州	0.678	0.969	0.700	irs	0.78	5
21	凉山州	0.418	0.763	0.548	drs	0.58	10
	平均值	0.524	0.769	0.687			

(四)旅游安全保障供给效率分析

四川省旅游安全保障供给效率分析如表5-9所示。

表5-9 四川省21个市州旅游公共服务——旅游安全保障供给效率

序号	城市、自治州	经营效率	技术效率	规模效率	边际效率	效率均值	总体水平
1	成都市	0.510	1.000	0.510	drs	0.67	12
2	自贡市	0.746	0.787	0.948	drs	0.83	7
3	攀枝花市	0.781	0.983	0.794	irs	0.85	6
4	泸州市	1.000	1.000	1.000	—	1.00	1
5	德阳市	0.507	0.512	0.992	drs	0.67	12
6	绵阳市	0.612	0.784	0.780	drs	0.73	9
7	广元市	0.926	1.000	0.926	drs	0.95	3

表5-9(续)

序号	城市、自治州	经营效率	技术效率	规模效率	边际效率	效率均值	总体水平
8	遂宁市	0.943	1.000	0.943	drs	0.96	2
9	内江市	0.714	0.753	0.948	drs	0.81	8
10	乐山市	1.000	1.000	1.000	—	1.00	1
11	南充市	0.538	0.643	0.836	drs	0.67	12
12	眉山市	0.830	0.918	0.904	drs	0.88	5
13	宜宾市	0.826	1.000	0.826	drs	0.88	5
14	广安市	0.836	0.873	0.957	drs	0.89	4
15	达州市	0.328	0.469	0.700	irs	0.50	13
16	雅安市	1.000	1.000	1.000	—	1.00	1
17	巴中市	0.581	0.704	0.826	irs	0.70	10
18	资阳市	0.548	0.773	0.709	irs	0.68	11
19	阿坝州	1.000	1.000	1.000	—	1.00	1
20	甘孜州	0.993	1.000	0.993	irs	1.00	1
21	凉山州	0.730	0.864	0.845	drs	0.81	8
	平均值	0.759	0.860	0.878			

(五) 当地软环境供给效率分析

四川省当地软环境供给效率分析如表5-10所示。

表5-10　四川省21个市州旅游公共服务——当地软环境供给效率

序号	城市、自治州	经营效率	技术效率	规模效率	边际效率	效率均值	总体水平
1	成都市	0.888	1.000	0.888	drs	0.93	4
2	自贡市	1.000	1.000	1.000	—	1.00	1
3	攀枝花市	1.000	1.000	1.000	—	1.00	1
4	泸州市	1.000	1.000	1.000	—	1.00	1
5	德阳市	0.766	0.772	0.992	irs	0.84	8
6	绵阳市	0.883	1.000	0.883	drs	0.92	5
7	广元市	0.657	0.685	0.959	drs	0.77	10
8	遂宁市	1.000	1.000	1.000	—	1.00	1
9	内江市	0.810	0.830	0.976	irs	0.87	7

表5-10(续)

序号	城市、自治州	经营效率	技术效率	规模效率	边际效率	效率均值	总体水平
10	乐山市	1.000	1.000	1.000	—	1.00	1
11	南充市	0.529	0.541	0.977	drs	0.68	11
12	眉山市	1.000	1.000	1.000	—	1.00	1
13	宜宾市	0.952	1.000	0.952	drs	0.97	3
14	广安市	0.705	0.717	0.984	drs	0.80	9
15	达州市	0.277	0.467	0.593	irs	0.45	15
16	雅安市	0.872	0.969	0.900	irs	0.91	6
17	巴中市	0.439	0.543	0.809	irs	0.60	14
18	资阳市	0.981	1.000	0.981	irs	0.99	2
19	阿坝州	0.510	0.756	0.674	irs	0.65	13
20	甘孜州	0.278	0.667	0.417	irs	0.45	15
21	凉山州	0.512	0.516	0.992	irs	0.67	12
	平均值	0.765	0.832	0.904			

三、旅游公共服务质量评价

参考李爽在相关研究中给出的旅游公共服务重要性及表现的评价体系，构建了四川省旅游公共服务质量评价表。其中，公共服务重要性是受访者对该项指标重要性的看法，绩效表现则是该受访者对城市公共服务供给的评价，都采用5分值的李克特量表。统计结果如表5-11所示。

表5-11　四川省21个市州旅游公共服务供给质量评价表

城市、自治州	旅游基础设施类服务			旅游公共信息类服务			旅游行业指导类服务			旅游安全监测类服务		
	重要性	绩效表现	差值	重要性	绩效表现	差值	重要性	绩效表现	差值	重要性	绩效表现	差值
成都市	4.62	4.23	0.39	4.39	3.79	0.60	4.60	3.76	0.84	4.68	3.85	0.83
自贡市	4.32	3.66	0.66	4.11	3.55	0.57	4.11	3.63	0.49	4.61	4.02	0.59
攀枝花市	4.25	3.00	1.25	4.25	2.83	1.42	4.43	2.64	1.79	4.33	2.83	1.50
泸州市	4.05	3.65	0.40	4.17	3.80	0.37	4.20	3.69	0.51	4.33	3.80	0.53
德阳市	3.96	3.25	0.71	3.63	3.10	0.53	4.17	3.59	0.59	4.43	3.65	0.78
绵阳市	4.19	3.79	0.40	3.92	3.53	0.39	4.10	3.52	0.57	4.22	3.53	0.70

表5-11(续)

城市、自治州	旅游基础设施类服务			旅游公共信息类服务			旅游行业指导类服务			旅游安全监测类服务		
	重要性	绩效表现	差值	重要性	绩效表现	差值	重要性	绩效表现	差值	重要性	绩效表现	差值
广元市	4.08	3.43	0.66	3.77	3.52	0.25	3.95	3.47	0.48	4.27	3.78	0.49
遂宁市	4.19	3.70	0.49	4.05	3.51	0.54	3.94	3.52	0.42	4.22	3.67	0.56
内江市	4.38	3.43	0.95	4.17	3.51	0.66	4.32	3.56	0.76	4.64	3.63	1.01
乐山市	4.50	3.93	0.58	4.10	3.80	0.30	4.43	3.83	0.60	4.57	3.83	0.73
南充市	4.47	3.45	1.02	4.27	3.48	0.80	4.28	3.30	0.98	4.55	3.64	0.90
眉山市	4.11	3.55	0.56	3.87	3.28	0.58	4.09	3.54	0.54	4.37	3.70	0.67
宜宾市	4.22	3.54	0.69	4.20	3.44	0.76	4.49	3.58	0.91	4.72	4.00	0.73
广安市	4.09	3.47	0.63	3.82	3.32	0.50	4.31	3.53	0.77	4.24	3.56	0.68
达州市	4.45	3.93	0.53	4.27	3.63	0.63	4.23	3.51	0.71	4.50	3.60	0.90
雅安市	4.27	3.42	0.85	3.88	3.00	0.88	4.08	3.27	0.82	4.38	3.48	0.90
巴中市	4.03	3.66	0.37	3.95	3.37	0.58	3.82	3.40	0.42	4.38	3.36	1.03
资阳市	4.63	3.31	1.31	4.33	2.83	1.50	4.71	3.75	0.96	4.75	3.92	0.83
阿坝州	4.22	3.56	0.66	4.38	3.50	0.88	4.36	3.46	0.89	4.67	3.58	1.08
甘孜州	4.33	3.38	0.95	4.17	3.47	0.70	4.31	3.71	0.60	4.53	3.47	1.07
凉山州	4.36	3.73	0.62	4.09	3.45	0.65	4.19	3.74	0.45	4.17	3.64	0.52

通过软件计算结果，得到四川省各市州2017年旅游公共服务各个维度的效率，包括通用基础设施状况、旅游基础设施状况、旅游信息服务、旅游安全保障条件、当地软环境五个方面的总体效率情况。由于指标较多，为此将效率值平均，再排序，得到效率排名情况，如表5-12所示。

表5-12　四川省21个市州旅游公共服务供给效率排名

序号	城市、自治州	通用基础设施	旅游基础设施	旅游信息	旅游安全保障	当地软环境	供给数量	供给质量	评价差异
1	成都市	2	1	9	12	4	2	1	12
2	自贡市	1	1	8	7	1	10	4	7
3	攀枝花市	1	1	2	6	1	4	21	21
4	泸州市	6	7	13	1	1	11	3	1
5	德阳市	10	8	15	12	8	9	19	11
6	绵阳市	9	9	12	9	5	7	9	4

表5-12(续)

序号	城市、自治州	通用基础设施	旅游基础设施	旅游信息	旅游安全保障	当地软环境	供给数量	供给质量	评价差异
7	广元市	1	3	5	3	10	8	10	2
8	遂宁市	1	1	6	2	1	16	8	3
9	内江市	1	1	7	8	7	19	11	16
10	乐山市	1	1	3	1	1	5	2	5
11	南充市	7	10	9	12	11	18	16	19
12	眉山市	1	1	9	5	1	15	13	8
13	宜宾市	8	2	9	5	3	13	6	14
14	广安市	1	6	1	4	9	12	15	10
15	达州市	11	12	16	13	15	21	5	13
16	雅安市	1	1	4	1	6	6	20	17
17	巴中市	5	11	14	10	14	14	18	9
18	资阳市	3	4	11	11	2	20	17	20
19	阿坝州	1	5	1	1	13	1	12	18
20	甘孜州	1	1	5	1	15	3	14	15
21	凉山州	4	1	10	8	12	17	7	6

四、旅游公共服务供给评价结果分析

针对四川省各市州旅游公共服务排名，对其具体内容进行等级评价，从最优到最不理想共分为三个层次，其中第一层次为较好层次，为1~7名；第二层次为一般层次，为7~14名；第三层次为偏低层次，为15~21名，得到的评价表如表5-13所示。

表5-13　四川省21个市州旅游公共服务供给综合评价表

序号	城市、自治州	供给效率					供给数量	供给质量	评价差异
		通用基础设施	旅游基础设施	旅游信息	旅游安全保障	当地软环境			
1	成都市	一般	较高	一般	偏低	一般	较高	较高	一般
2	自贡市	较高	较高	一般	一般	较高	一般	较高	较高
3	攀枝花市	较高	较高	较高	一般	较高	较高	偏低	偏低

表5-13(续)

序号	城市、自治州	供给效率					供给数量	供给质量	评价差异
		通用基础设施	旅游基础设施	旅游信息	旅游安全保障	当地软环境			
4	泸州市	偏低	偏低	偏低	较高	较高	一般	较高	较高
5	德阳市	偏低	偏低	偏低	偏低	一般	一般	偏低	一般
6	绵阳市	偏低	偏低	偏低	偏低	一般	较高	一般	较高
7	广元市	较高	一般	较高	较高	偏低	一般	一般	较高
8	遂宁市	较高	较高	一般	较高	较高	偏低	一般	较高
9	内江市	较高	较高	一般	一般	一般	偏低	一般	偏低
10	乐山市	较高	较高	较高	较高	较高	较高	较高	较高
11	南充市	较高	偏低	一般	偏低	偏低	偏低	偏低	偏低
12	眉山市	较高	较高	一般	一般	较高	偏低	一般	一般
13	宜宾市	较高	一般	一般	一般	一般	一般	较高	一般
14	广安市	较高	偏低	较高	一般	一般	一般	偏低	一般
15	达州市	偏低	偏低	偏低	偏低	偏低	偏低	较高	一般
16	雅安市	较高	较高	较高	较高	一般	较高	偏低	偏低
17	巴中市	偏低	偏低	偏低	偏低	偏低	一般	偏低	一般
18	资阳市	偏低	一般	偏低	偏低	较高	偏低	偏低	偏低
19	阿坝州	较高	一般	较高	较高	偏低	较高	一般	偏低
20	甘孜州	较高	较高	较高	较高	偏低	较高	一般	偏低
21	凉山州	偏低	较高	偏低	一般	偏低	偏低	较高	较高

根据以上评价结果可以对各市州旅游公共服务供给的数量、质量和效率进行全面的分析，如成都市旅游公共服务相对供给数量比较充足（排名第 2）；供给质量较高（排名第 1），但与游客的需求相比，差距非常明显（排名第 12）；在供给效率方面，旅游基础设施供给效率较高，其次是通用基础设施和当地软环境，在旅游信息和旅游安全保障方面的效率则比较低。自贡市旅游公共服务的供给数量偏少（排名第 10）；供给质量较高（排名第 4），和游客的差距相对较小（排名第 7）；在供给效率方面，通用基础设施、旅游基础设施，以及当地软环境方面的效率较高，在旅游信息和旅游安全保障方面的效率则一般。其他城市的公共服务供给情况可参考表 5-13。

第四节　旅游公共服务体系优化路径

一、旅游公共服务供给短板分析

（一）供给数量分析

从之前对四川省各市州的分析可知，供给数量较为充分的市州有：成都市、攀枝花市、绵阳市、乐山市、雅安市、阿坝州、甘孜州。供给数量一般的市州有：遂宁市、内江市、南充市、眉山市、达州市、资阳市、凉山州。供给数量不足的市州有：自贡市、泸州市、德阳市、广元市、宜宾市、广安市、巴中市。这种供给不足主要是基于各市州的人均数量而言的，虽然各地的城市化水平不一致（公共服务主要体现在城市区域），但该指标表明这些市州在旅游公共服务方面需要加强。

（二）供给效率分析

旅游公共服务供给效率普遍较高的市州有：遂宁市、雅安市、乐山市、自贡市等，尤其是乐山市的旅游公共服务的供给效率总体都高，这和实际也比较接近（乐山市拥有乐山大佛、峨眉山这样的世界文化和自然遗产，其旅游收入相对而言较高）。旅游公共服务供给效率普遍较低的市州有：达州市、巴中市、绵阳和德阳，这四个市的情况又有所不同，达州和巴中公共服务相对绵阳和德阳存在不足，旅游业的发展也不明显，而绵阳和德阳的公共服务设施比较好，但旅游盈利能力还存在不足。

（三）供给质量分析

根据之前问卷调查的结果，可知旅游公共服务供给质量较好的市州有：成都市、自贡市、泸州市、乐山市、宜宾市、达州市、凉山州。供给质量一般的市州有：攀枝花市、德阳市、南充市、广安市、雅安市、巴中市、资阳市。供给质量不足的市州有：绵阳市、广元市、遂宁市、内江市、眉山市、阿坝州、甘孜州。

二、旅游公共服务短板成因分析

（一）旅游公共服务供给总量方面

旅游公共服务供给总量不足的原因主要与以下因素有关：供给主体和供给

方式单一导致资金不足；旅游公共产品供给主体和供给方式单一，导致资金不足；供给动力不足，导致供给的效率不高，速度跟不上。此外，供给主体间的利益协调机制的缺失也是导致旅游公共服务供给不足的一个重要原因。

（二）旅游公共服务供给质量方面

旅游公共服务供给质量偏低的原因主要是：一是公共服务意识不强，供给的目标只是为了满足基本的要求；二是供给资金不足，导致一些旅游公共产品供给不足；三是公共产品供给主体与旅游主管部门缺乏深入沟通，如一些地方对公共产品的修建，实施方可能是住建部门、水利部门，在公共产品供给方面主要是从基本功能考虑，缺乏旅游元素；四是对现有新兴技术的利用不够充分。

（三）旅游公共服务供给效益方面

旅游公共服务供给效益偏低的原因：一是对公共产品的综合效益缺乏规划；二是对公共产品缺乏联合开发；三是供给的协调性不够，如软硬件的数量比例不合理。

三、旅游公共服务改革路径分析

（一）建立多渠道公共服务供给机制，促进旅游公共服务需求与供给有效对接

一是完善公共产品供给政策，建立利益协调机制，提高公共服务投资方的主动性和积极性；二是灵活运用投融资模式，扩大投融资渠道，如 BOT、BT、TOT、TBT 和 PPP 投融资模式；三是构建协调机制，包括部门之间的协调，产业链上下游的协调等，确保公共服务供给与需求充分有效对接。

（二）完善现代旅游治理机制，提高旅游公共服务供给质量

旅游高质量发展对现代旅游的治理机制提出了新的要求，有必要进行旅游管理体制方面的改革。现代治理机制具有系统性、准确性、及时性等特征，对于提高旅游公共服务质量具有明显的促进作用。

（三）大力推进旅游新业态、新技术的应用，进一步提升旅游公共服务供给效率

一是利用现代技术，掌握游客需求情况。通过现代技术如智慧旅游、大数据等，了解旅游服务过程中，设施与服务的利用情况，并有针对性地提供服务。如调查发现，游客采用公共电子服务屏进行旅游访问的比例极低，由此可

以考虑减少该项公共服务的供给。二是推进新业态的开发，使统一公共服务设施能为更多的旅游项目服务，提高现有公共服务的利用效率。

四、本章结论

通过对四川省各市州旅游公共服务的供给数量、质量和效率进行对比分析，获得各市州旅游公共服务的供给情况。供给数量较为充分的市州有：成都市、攀枝花市、绵阳市、乐山市、雅安市、阿坝州、甘孜州。供给效率普遍较高的市州有：遂宁市、雅安市、乐山市、自贡市等。旅游公共服务供给质量较好的市州有：成都市、自贡市、泸州市、乐山市、宜宾市、达州市、凉山州。各市州可参考公共服务供给存在的不足，进行有针对性的完善；通过建立多渠道公共服务供给机制，促进旅游公共服务需求与供给能有效对接；完善现代旅游治理机制，提高旅游公共服务供给质量；大力推进旅游新业态、新技术的应用，进一步提升旅游公共服务供给效率，从而全面提升旅游公共服务的供给效果。

第六章　四川省旅游产业政策供给分析

第一节　旅游政策概述

一、旅游政策研究现状

《四川省“十三五”旅游业发展规划》中明确提出四川省旅游业供给侧结构性改革的三个重要领域：以旅游理论和制度供给夯实旅游产业发展基础；以旅游服务要素供给补齐旅游公共服务短板；以旅游产品和线路供给调整旅游产品结构体系；分别从理论制度、公共服务和旅游产品供给三个方面提出了供给侧结构性改革的思路。由此可见旅游制度方面是四川省供给侧结构性改革的重要领域。在实际研究过程中，对旅游制度的研究主要是对旅游政策进行研究。

李锋将国外旅游政策专题研究分为七个方面：旅游政策概念和范围、旅游政策影响因素、旅游政策演化、旅游政策制定方法、旅游政策效用评估、旅游政策与可持续发展、旅游政策城乡研究等，并根据 Science Direct（SD）数据库对检索文献的主题进行分类，将旅游政策研究的主题分类罗列，主要包括旅游管理体制、旅游产业发展、旅游规划、旅游就业、环境保护、国家公园等方面[①]。其中对旅游政策的分类以及旅游政策效用评价是分析旅游政策的核心内容。在对旅游政策效用的研究方面，如采用类比 Cobb-Douglas 生产函数构建国内旅游收入与资本、劳动、资源、技术和政策等因素关系的函数，建立中国旅游政策评估模型[②]；采用 t 检验实证分析国家旅游综合改革政策对相关上市旅游公司的影响情况[③]；通过实证分析，得出“局改委”确实显著促进了地区

① 李锋. 国外旅游政策研究：进展、争论与展望［J］. 旅游科学，2015，29（1）：58-76.

② 王慧娴，张辉. 中国旅游政策评估模型构建与政策变量分析［J］. 2015，29（5）：1-13.

③ 张英，邱文君，熊焰. 国家旅游综合改革政策对旅游产业影响的实证［J］. 统计与决策，2014（19）：110-112.

旅游经济的增长①。由以上研究可知，旅游政策的合理分类是把握旅游政策变化的重要基础，在此基础上可进行深入的分析。

二、旅游政策分类与作用

（一）旅游政策分类

旅游政策主要分为三类：地方旅游法规、地方旅游规章、地方旅游产业政策。其中，地方旅游法规主要是指符合本地区旅游业发展状况的综合性旅游法规；地方旅游规章主要是指地方政府出台的指导旅游产业中各种业态发展或者解决其中各种问题的管理办法或规定、暂行办法或规定、实施细则或方案、通知、建议等；地方旅游产业政策主要是指地方政府从宏观层面制定的鼓励和支持旅游产业发展的总体政策、城乡政策、旅游会议指示等。其中，产业政策是此次研究的重点。

国内通常将旅游政策分为旅游市场政策、产业要素政策、综合性政策三大类，并可以进一步细分——旅游市场政策细分为出入境旅游政策、国内旅游政策；产业要素政策细分为旅行社及导游政策、旅游饭店政策、旅游吸引物政策、旅游目的地政策、旅游交通政策、要素综合性政策；综合性政策细分为旅游公共服务政策、旅游法与旅游产业政策、其他政策②。

按照旅游政策的主要功能，可将旅游政策划分为旅游发展政策、产业标准政策和市场调控政策三类。旅游发展政策是用于指导旅游未来发展的引导性政策，这类政策具有策略性、非强制性、时效性等特点。其主要包括四个方面：一是发展规划方面的政策，如《全国生态旅游发展规划（2016—2025 年）》；二是发展环境方面的政策，如一些基础设施的完善等；三是旅游相关新兴业态，如《关于组织开展国家现代农业庄园创建工作的通知》；四是新兴技术的引导。其中，旅游相关新兴业态中，有的政策以旅游为主，有的政策部分与旅游相关。产业标准政策主要为具体的产业要素提供参考标准，相关政策如旅游各行业、各要素的相关法，具有针对性、具体性和标准性的特点。市场调控政策提供相应的保障措施，包括产业要素标准政策和行业秩序调整政策，具有操作性、调整性、及时性等特点。

按照产业经营活动特点的划分，旅游产业政策划分为旅游产业发展政策、旅游产业结构政策、旅游产业组织政策、旅游产业配套政策四个方面；也可以

① 李光勤，胡志高，曹建华. 制度变迁与旅游经济增长——基于双重差分方法的“局改委”政策评估［J］. 旅游学刊，2018（1）：13-24.

② 刘红梅，冀陈伟. 中国旅游政策的演进［J］. 求索，2017（4）：137-141.

划分为旅游产业结构政策、旅游产业地区政策、旅游产业组织政策、旅游产业技术政策、旅游产业布局政策、旅游市场开发政策、旅游产业保障政策等①。

综上所述，本书参考程金龙的划分方法，即将旅游产业政策划分为旅游产业布局政策、旅游产业组织政策、旅游产业开发政策、旅游产业保障政策四个方面。

（二）旅游政策作用

旅游政策的作用主要体现在：规划国家旅游经济的发展，规范旅游企业的生产经营；推动社会资源的优化配置，促进资源优势的充分发挥；促进市场结构和市场机制的完善，引导旅游业的发展方向；通过鼓励和优惠政策，创造旅游业发展的良好环境，推动旅游产业的大发展。旅游产业政策的作用有指导性作用、规范性作用、激励性作用。

综上所述，旅游政策的作用具有间接性，旅游政策目标的实现通过一系列中间环节如政府、企业、组织等达到目标。

三、旅游产业政策分析框架

根据以上对旅游产业政策的分类，以及对其作用和效果的分析，从而构建起旅游产业政策分析的基本框架，如图 6-1 所示。

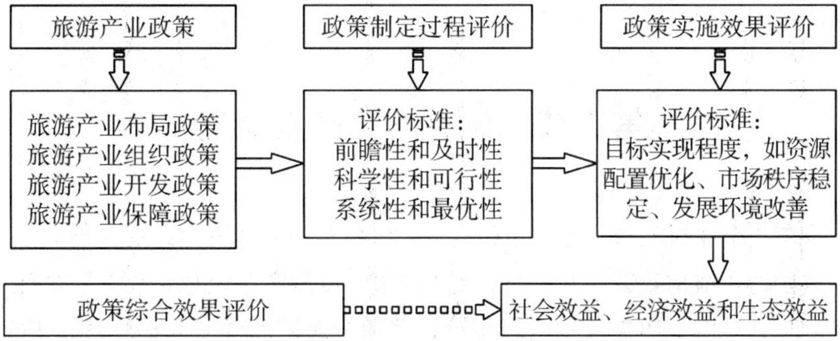

图 6-1 旅游产业政策分析框架图

首先，在旅游产业政策评价对象方面，旅游产业政策可细分为四个部分：旅游产业布局政策、旅游产业组织政策、旅游产业开发政策和旅游产业保障政策。在此基础上，这四个部分还可以进一步细分，如表 6-1 所示。

① 程金龙. 新时期旅游目的地开发与管理［M］. 北京：科学出版社，2016.

表 6-1　旅游产业政策分类与细分表

旅游产业政策分类	旅游产业政策细分
旅游产业布局政策	旅游产业定位政策、旅游产业战略规划、旅游产业结构政策
旅游产业组织政策	政府机构旅游组织政策、旅游企业组织政策、旅游社会组织团体组织政策、旅游当地居民组织政策
旅游产业开发政策	旅游产品开发政策、旅游市场政策、旅游产业新业态新技术创新发展政策、旅游产业融合发展政策
旅游产业保障政策	基础设施和公共服务政策、安全政策、投资政策、土地政策、人力资源开发政策、法律法规政策、标准和技术政策、生态环境保护政策

其次，在旅游产业政策作用和效果评价方面，将旅游产业政策的评价分为三个层次，分别是政策制定过程评价、政策实施效果评价和政策综合效果评价。因此，旅游产业政策的效果分为几个阶段：①政策制定过程本身的评价阶段，包括制定的前瞻性和及时性、科学性和可行性、系统性和最优性等几个方面；②政策实施效果的评价阶段，体现在目标的实现情况，如资源配置优化、市场秩序稳定、发展环境改善等方面；③效果体现在社会效益、经济效益和生态效益三个方面。

第二节　旅游产业政策概况

参考程金龙对旅游产业政策的划分，将旅游产业政策分为旅游产业发展政策、旅游产业结构政策、旅游产业组织政策、旅游产业配套政策四个方面。在此基础上，对以上四类政策进行细分，并结合旅游产业政策的作用（指导性作用、规范性作用、激励性作用），从旅游产业政策供给的数量、质量和效益进行具体分析。本书以《四川省“十三五”旅游业发展规划》为框架，对相关政策进行具体分析：

一、旅游产业布局政策

旅游产业布局政策是指对整个旅游未来发展的总体思考，明确未来发展的总体目标与定位，并通过构建相关的战略策划搭建实现目标的思路，策划结构政策以搭建实现目标的框架。具体如下：

（一）旅游产业定位

《四川省“十三五”旅游业发展规划》提出：到2020年，基本建成产业发达、产品丰富、设施完善、服务优良、安全有序、市场竞争力位居全国前列的旅游经济强省和世界重要旅游目的地。产业实力进一步增强（旅游业成为战略性支柱产业）；产业素质进一步提升；区域发展更加均衡；客源结构进一步优化；综合带动作用进一步凸显。

（二）旅游产业战略规划

《四川省“十三五”旅游业发展规划》提出紧扣国家主体功能区规划，围绕“一带一路”倡议、长江经济带发展战略，深入实施全省多点多极支撑发展战略，从产业和空间两个维度，构建全省“511”旅游发展新格局。打造5大区域：持续打造成都平原核心旅游区（成都、德阳、绵阳、遂宁、乐山、雅安、眉山、资阳）；巩固突破川西北旅游区（阿坝、甘孜）；全力拓展川东北旅游区（广元、南充、广安、达州、巴中）；加速开发攀西旅游区（攀枝花、凉山）；加快推进川南旅游区（自贡、泸州、内江、宜宾）。打造10大旅游目的地和10大精品旅游线路。

（三）旅游产业结构政策

旅游产业结构政策主要是通过对旅游目的地旅游要素进行合理配置，使旅游要素提供企业实现最佳配置和协调发展。

《四川省“十三五”旅游业发展规划》对5大区域旅游发展的结构完善提出要求：成都平原核心旅游区要提升国际影响力，构建环成都都市旅游圈。川西北旅游区需培育民族、民俗文化等旅游品牌，发展自驾旅游，促进川滇藏大香格里拉区域合作，加强旅游城镇以及沿线旅游厕所、旅游医疗应急救援等公共服务设施和交通等基础设施建设。川东北旅游区加快建设中国南方（秦岭南麓）滑雪场项目群和嘉陵江流域文化体验休闲旅游项目群，提升乡村旅游发展，推进蜀道申遗和三国历史文化、民宿旅游品牌培育，大力发展红色旅游。攀西旅游区积极推动旅游业与阳光康养、生态农业、体育运动、文化创意、影视演艺等融合发展。川南旅游区推动生态旅游、乡村旅游、文化旅游发展。

二、旅游产业组织政策

旅游产业组织政策是指针对旅游产业的资源配置方式、产业部门间比例关系而制定的政策，其目的在于促进旅游产业向着协调化和高度化方向发展，主要相关政策如下：

（一）政府机构旅游组织政策

如《四川省“十三五”旅游业发展规划》中提出：推进政府简政放权；改革旅游管理机构，积极推动旅游资源富集地区成立旅游发展委员会，强化产业促进、资源统筹、发展协调和服务监管四项重点工作；健全旅游协调机制，形成地方主要领导牵头、部门有效联动、社会协同推进旅游业发展的工作机制，以及建立全省旅游信息共享、旅游违法行为查处信息共享机制。探索在国家5A级景区、国家全域旅游示范区（创建单位）所在区域设立旅游警察、旅游巡回法庭、工商旅游（分）局。助推四川省国家公园体制建设。

其他由四川省制定的相关政策如《四川省旅游发展委员会贯彻落实（党政主要负责人履行推进法治建设第一责任人规定）实施办法》《四川生旅游质量监督考核责任制年底考核办法（试行）》等。

（二）旅游企业组织政策

如《四川省“十三五”旅游业发展规划》中提出：健全旅游市场规则，推进国有旅游企业改组改制，支持民营和中小旅游企业发展，积极引入外资旅游企业。壮大市场主体，引进培育多层次旅游企业。引进有国际品牌的旅游企业。实施龙头旅游企业培育工程。

（三）旅游社会组织团体组织政策

如《四川省“十三五”旅游业发展规划》中提出：改革行业协会。积极推动协会发展，提升协会作用，强化政府与协会沟通，探索协会运行新模式等，更好地为旅游产业发展服务。

（四）旅游当地居民组织政策

《四川省“十三五”旅游业发展规划》中对于当地居民社区的组织提及较少。

三、旅游产业开发政策

旅游产业开发政策是指为了满足旅游产业发展的需要，从产品政策、技术政策、市场政策、融合发展等方面持续稳定地促进产业发展。

（一）旅游产品开发政策

旅游产品开发政策主要体现在旅游产品相关的要素方面。

如《四川省“十三五”旅游业发展规划》中提出：实施旅游精品工程、

打造特色业态产品、大力发展红色旅游；强化旅游项目的支撑作用，加大重点项目建设；打造10大旅游目的地和10大精品旅游线路；提升大熊猫、大九寨、大峨眉、大香格里拉、大蜀道五大国际旅游品牌知名度和影响力；深入实施乡村旅游提升行动计划。

其他由四川省制定的相关政策如《四川省“十三五”旅游商品与旅游购物发展规划及行动计划》《四川省民族地区全域旅游发展规划纲要》《四川省红色旅游发展五年行动计划（2018—2022年）》《四川省乡村旅游提升行动计划（2018—2020年）》《关于加快四川省中医药健康旅游发展的实施意见》《四川红军长征线路旅游专项规划及三年实施计划》《四川省生态旅游实施规划》《四川省水上旅游发展规划》《四川省“十三五”旅游民宿发展规划》《关于推进中小学生研学旅行的意见》《四川省全域旅游示范区创建工作指南》《四川省文物事业发展“十三五”规划》等。

（二）旅游市场开发政策

旅游市场开发政策主要是对入境旅游、国内旅游和出境旅游市场三大市场的调控。

如《四川省“十三五”旅游业发展规划》中提出：

（1）创新旅游宣传营销工作，强化“搭平台、建机制、构渠道、造事件、做活动、抓载体”十八字方针，打好三地营销（境外、国内、旅游目的地）攻坚战；打好三合营销（多元整合、系统组合、紧密结合）组合牌；用好三段营销（形象、渠道和产品阶段）连环策略。

（2）大力拓展入境旅游市场。主要措施有落实入境市场拓展方案与机构；优化营销宣传渠道；推进国际旅游目的地提升计划。

其他由四川省制定的相关旅游产业政策如《四川省出入境旅游奖励办法》等。

（三）旅游产业新业态新技术创新发展政策

《四川省“十三五”旅游业发展规划》中提出：加快“互联网+旅游”进程；积极推动大众创业、万众创新；深化改革创新试点。

其他由四川省制定的相关旅游产业政策如《国家级旅游业改革创新先行区建设管理办法》《四川省旅游行业新技术应用导则》《四川省旅游新业态指导目录》《关于加快旅游产业园区发展的意见》等。

（四）旅游产业融合发展政策

《四川省“十三五”旅游业发展规划》中提出：实施全域旅游和旅游+产

业融合发展。推进以“一带一路”为重点的国际旅游合作；强化省际旅游区域合作；深化省内旅游协作，破除旅游一体化发展的体制政策障碍，实现产业布局一体化、市场营销一体化、服务体系一体化。

其他由四川省制定的相关旅游产业政策如《四川省“交通+旅游”融合发展专项行动计划（2017—2020年）》《四川省体育旅游发展三年行动计划（2018—2010年）》《四川省乡村旅游提升行动计划（2018—2020年）》《四川省工业旅游创新发展三年行动计划（2018—2020年）》等。

四、旅游产业保障政策

旅游产业保障配套政策是指为了保障旅游产业的持续健康发展而制定的能够促进旅游产业各部门协同配合与支持的政策，主要包括旅游产业投资政策、土地政策、人力资源开发政策、法律法规政策和旅游产业安全政策等。

（一）基础设施和公共服务政策

《四川省“十三五”旅游业发展规划》中提出：构建无缝对接的旅游交通体系。完善旅游公共服务设施，主要包括提升城市旅游公共服务功能；持续推进旅游“厕所革命”；建成高峰期流量监测系统；完善旅游安全及环保基础设施建设。

其他由四川省制定的相关旅游产业政策如《四川省“厕所革命”实施方案（2017—2020年）》《四川省旅游信息化行动方案（2017—2020）》等。

（二）旅游产业安全政策

《四川省“十三五”旅游业发展规划》中提出，建立旅游安全保障体系，主要包括建立旅游安全预警机制；建立涉旅安全联合检查机制；加快旅游紧急救援体系建设；强化旅游安全保障长效机制。

其他由四川省制定的相关政策有《四川省旅行社安全管理暂行规定》《四川省旅游景区餐饮服务食品安全管理办法》等。

（三）旅游产业投资政策

《四川省“十三五”旅游业发展规划》中提出：促进产业投资。主要有持续推进旅游投融资“双千亿”（签约1 000亿元、实际投资1 000亿元）工程；拓展旅游企业融资渠道；支持符合条件的旅游企业上市；搭建旅游项目投融资平台。

其他由四川省制定的相关旅游产业政策有《四川省旅游产业重点项目管理办法（试行）》等。

（四）土地政策

《四川省“十三五”旅游业发展规划》提出：推动用地政策改革。保障旅游业改革发展的合理用地需求，贯彻落实《关于支持旅游业发展用地政策的意见》（国土资规〔2015〕10号），指导开展旅游项目用地分类管理，有效落实旅游重点项目新增建设用地，支持未利用地、废弃地等土地建设旅游项目，保障乡村旅游、自驾车房车营地、文化、研学旅游等旅游新业态的合理用地需求。

（五）人力资源开发政策

《四川省“十三五”旅游业发展规划》中提出：加强旅游人才队伍建设，主要措施有实施人才培养计划；加快培养高层次专业技术人才队伍；推动旅游教育改革发展；实施旅游就业倍增计划。

其他由四川省制定的相关旅游产业政策有《民族地区旅游人才培养引进五年行动》等。

（六）市场管理政策

《四川省“十三五”旅游业发展规划》中提出：深化依法治旅。建立旅游行业失信惩戒制度；建立健全旅游市场综合监管机制；营造全社会文明旅游大环境；开展旅游综合执法试点。

其他由四川省制定的相关旅游产业政策有《四川省人民政府办公厅关于进一步加强全省旅游市场综合监管的实施意见》《四川省“十三五”依法治旅规划》《四川省旅游经营服务严重失信黑名单管理办法（试行）》《景区游客高峰时段应对规范》《四川省人民政府办公厅关于进一步加强全省旅游市场综合监管的实施意见》等。

（七）标准和技术政策

《四川省“十三五”旅游业发展规划》中提出：改革旅游规划。建立“四划、三图、三权、四方”的工作机制（“四划”：谋划、策划、规划和计划。“三图”：规划图、设计图、施工图。“三权”：编制权、实施权、监督权。“四方”：甲方、乙方、咨询方、管理方）。

其他由四川省制定的相关旅游产业政策有《四川省乡村建设旅游元素植入指南》等。

（八）生态环境等保护政策

《四川省“十三五”旅游业发展规划》提出：实施绿色旅游规划与开发，

建立健全四川绿色旅游认证体系，加强旅游资源与环境保护的综合管理。

其他由四川省制定的相关旅游产业政策有《四川省非物质文化遗产条例》《乐山大佛遗产地保护管理规划》《安岳石窟保护利用总体规划》《四川省革命文物保护利用规划纲要》《四川省全面落实河长制工作方案》等。

第三节　旅游政策供给短板分析

四川省旅游政策在发展方面总体比较好，但还是存在一定的问题：

一、政策制定的理论依据有待加强

四川省旅游产业政策的制定逐渐向纵深发展，政策制定的理论基础和实践基础越来越坚实。如2017年四川省旅游发展委员会统筹中国科学院、西南民族大学、成都理工大学、四川旅游学院等高校院所专业科研力量，合作开展世界旅游目的地、水上旅游、红色旅游、生态旅游、康养旅游民俗村落等的基础性研究，完成了《旅游基础资源汇编》等研究数据和资料。同时也要看到，目前四川省在旅游基础性研究方面仍存在不足，主要体现在：

（一）统计数据和统计方法有待改进

目前各级政府的旅游统计公报，主要都是接待量、旅游收入、企业数量、固定资产等总量以及增速数据①。这些指标和数据没有深入反映旅游发展状况；在统计方法方面，仍采用传统的数据汇总，缺乏对数据之间关系的分析。

（二）对旅游市场需求的研究有待深入

市场机制是旅游业发展的根本机制，旅游业本质上是需求推动型产业。因此，旅游产业政策需要优先分析旅游需求的变化规律。为此就需要对旅游市场进行深入研究，从而为旅游产业政策的制定和实施提供科学依据。

（三）市场与政策协调性研究有待加强

政策对市场有一定的替代作用，处理好政策与市场的关系需要考虑旅游短期发展与长期发展的关系。旅游投资回收期比较长，且具有一定的风险性，体现在旅游收入受外部因素影响较大，需要较长时间才能完善适合旅游发展的条件，这些因素是投资者难以预测和应对的。外部的公共服务条件如交通条件，

---

① 马波. 新常态下中国旅游产业政策调整略论［J］. 旅游学刊，2015，30（7）：4-5.

投资大，是投资者难以承受的，此外，旅游市场变化大，旅游受自然环境因素的影响也大。这些方面都需要政策提供保障。

（四）政策制定的系统有待加强

政策的制定涉及多个部门、多种资源、多类主体，在进行政策制定的过程中，对具体对象的相关政策需要考虑：某一政策情况下，具体对象与其他要素的关系，以及这些要素间资源流动的关系，并在此基础上，考虑各种政策叠加，从而制定出适合该对象发展的政策。

二、推动质量提升的政策有待加强

现有旅游发展仍带有浓重的政府主导、超前发展、追求规模、偏重经济等特征倾向，与“新常态”发展要求还存在差距①。政策重心向高质量发展是实现四川旅游经济大省向旅游经济强省转变的必由之路。

（一）发展目标、评价指标偏重数量，缺乏质量要求

现有国内的旅游统计公报，主要是旅游收入、企业数量、增速等数据，极少看到行业利润率、劳动生产率等反映旅游产业素质的质量效益指标。这样的旅游统计不仅说明政府对旅游业的关注并未深入产业质量效益层面，而且直接折射出追捧规模与速度的粗放式发展的现实。

（二）重视不同层次旅游产品发展质量

根据旅游产品的不同层次，通常将旅游观光产品作为基础层次的旅游产品，旅游休闲、旅游度假等旅游产品作为更高层次的旅游产品。这并不意味着高层次的旅游产品才需要提高旅游质量，基础层次的旅游产品质量仍然是提高旅游发展水平的重要领域。

（三）重视旅游服务质量

在相关的旅游发展政策里，对看得见的硬件规划比较明确，对旅游服务质量的要求则相对较少。这 方面与旅游服务相对不直观、难以建立统一标准有关，另一方面与服务的相对分散有关——一次旅行通常会涉及不同旅游服务企业，难以建立统一的服务评价和监督标准。此外，有的旅游企业把旅游服务当成“一锤子的买卖”，缺乏从长期考虑回头客的意识，导致旅游服务质量较低。随着信息化的提升，旅游服务标准和监督的全程性、系统性将成为可能，

① 马波．新常态下中国旅游产业政策调整略论［J］．旅游学刊，2015，30（7）：4-5.

加大新技术在旅游服务监管中的应用，能提高旅游发展质量。

（四）提高公共服务质量

影响旅游质量的因素除了主要的旅游项目之外，还包括公共服务质量，如公共交通、公共信息供给、城市环境建设、当地居民的态度等，这些因素虽然不是旅游相关部门能控制和管理的，但可以通过线路优化，充分利用优质的公共服务设施和服务；同时，通过将部分旅游资源和设施与当地居民共享，为旅游业提供更好的发展环境。

三、战略性规划政策有待加强

（一）内在发展规律的研究有待加强

战略性规划是旅游发展重点发展的领域，战略规划需要集聚更多的资源，以形成更大竞争力，为此，需要对规划对象的内在发展规律进行深入分析，例如集群发展理论、耦合共生协调发展理论、价值链理论等，在此基础上制定的战略规划才更具有可行性。此外，制定有效的战略性规划需要同全省战略规划和部署相协调，如“十三五”提出的5大区域要与四川省总体战略布局相一致。

（二）政策的实际执行力度有待加强

战略性政策能否落实，一方面与政策制定的科学性有关，另一方面还与政策制定的可行性有关，如能否依据旅游资源的相似性和互补性从而提高旅游目的地形象？如何协调旅游信息与旅游交通，提高旅游的通畅性和高效性？此外，战略性规划所涉及主体在利益方面如何协调？只有全面考虑这些影响因素，才能推动政策的执行。

四、市场政策的灵活性有待加强

（一）价格制定政策的灵活性有待提升

目前，旅游行业实施价格政策的主要领域是景区，除了景区，其他吃、住、行、游、购、娱等旅游相关要素领域都可以实施价格政策。如贵州省在2018年的一段时间内实施旅游景区门票挂牌价五折优惠政策；自驾游优惠政策——小型车贵州境内高速公路实施五折通行优惠等。这些政策有力提升了贵州省全省旅游形象，增加了全省的旅游综合收益。

（二）加大受益机制的研究和运用

价格是调节旅游市场的重要手段，想要提高整个地区旅游收益，就需要协调各方的利益。例如，西湖大部分景区与西湖周边旅游服务企业之间的协调；再如，高品质的景区有门票号召力，价格与需求的弹性较低，所以涨价对需求的影响较小，而中低品质的景区则不同，可能会降低游客数量，从而减少旅游收入。总之，在对市场调整的过程中，需要从更大的范围来进行分析，同时协调好各方利益，才能提高整个区域的旅游收益。

五、入境旅游市场相关政策有待加强

（一）入境旅游市场基础性研究有待加强

四川省入境旅游市场比较薄弱，并且未得到明显的改善。在旅游组成要素方面，美食、购物、入境是四川旅游的短板。在区域分布方面，成都区域的入境旅游收入的情况较好，但其他地区入境市场的发展则非常不理想。而四川周边三个省区——陕西、云南和西藏的入境旅游市场发展则较好，因此，要提升入境旅游，一方面应与这些省区市联合；另一方面需要深入分析入境旅游市场的需求和消费行为特点，有针对性地提供相关旅游市场营销、旅游服务等，才能提高四川省入境旅游市场所占比重。

（二）入境旅游市场政策措施还需系统化

《四川省“十三五”旅游业发展规划》对提升入境旅游市场提出了一些政策措施，主要体现在三点：落实入境市场拓展方案与机构，优化营销宣传渠道，推进国际旅游目的地提升计划。除此之外，还可以与入境旅游发展较好的省区市联合打造旅游产品，与周边三个省区——陕西、云南和西藏联合打造入境旅游市场相关的旅游产品；提供专门的入境旅游服务 App；提供有针对性的旅游服务等。因此，入境旅游市场的政策措施是一个系统工程，需要全方位规划，才能切实拓展四川省入境旅游市场。

第四节　旅游产业政策优化路径

一、以市场需求为依据，提高旅游产业政策科学性

对于旅游供给，首先，尽可能地解除直接管制，降低进入壁垒；其次，充

分发挥政府的信息供给优势，弥补市场时滞，让旅游需求增长能充分、及时地带动旅游供给增长；再次，要继续推进部门联合，推动产业融合，促使旅游业从游离发展转向嵌入式发展；最后，从鼓励竞争转向追求有效竞争，从而优化旅游产业组织结构①。具体而言，有以下三个方面：

（一）充分发挥市场与政策对旅游发展的作用

在经济发展的特定阶段，政府以产业政策支持旅游业发展存在一定的合理性；但从发展趋势看，随着市场经济体制的不断完善，单纯的产业政策将会逐步收缩②。因此，在以市场为长期发展动力的基础上，对政策与市场的长期一致性，政策的补充作用和重点推动作用等要有比较清楚的认识；否则，就会造成旅游市场昙花一现和资源的浪费。

（二）处理好政府投入与企业投入的关系

通过有效的旅游政策将政府的公共投入和企业的市场投入有机衔接起来，才能真正提高旅游目的地的竞争力。从目前来看，旅游的发展是以企业投资为主，政府的资金投入相对较少，一方面要确保政府的投入不影响旅游市场的公平发展，另一方面就是政府投入的领域应主要是公共服务领域，才能促进旅游市场的良性发展。

（三）根据市场需求变化，及时调整相关政策

政策具有一定的时效性，不能墨守成规，尤其是关于旅游市场的政策，需要根据旅游市场的变化及时调整旅游政策，提高旅游政策的时效性。针对市场需求变化，及时调整旅游产品开发的相关政策，及时调整价格相关的政策，及时调整销售相关的政策，及时调整促进政策等，提高游客对旅游产品的满意度和旅游收益。

二、以高质量发展为指引，转变旅游产业政策重心

（一）加大旅游质量评价力度

随着科技发展，时代进步，我国经济高质量发展成为必由之路，同时，四川省旅游质量也面临提升的压力和要求，入境旅游市场所占比例表明，尽管四川省旅游发展取得了较大的成绩，但在旅游质量方面仍存较大的发展困难，需

① 马波．旅游业投资拉动的局限性及相关政策讨论［J］．旅游绿皮书：2012 年中国旅游发展分析与预测，2012（7）．

② 曾博伟．新时期旅游政策优化的思路和方向［J］．旅游学刊，2015，30（8）：2-4．

要加大对现有旅游发展质量的评价，通过构建旅游发展质量标准，从而深入掌握现有旅游发展质量存在的问题，提高旅游质量完善的针对性。

（二）协调发展总量与发展质量目标

构建定性与定量相结合的旅游发展目标，一方面数量也能部分反映发展质量，另一方面以数量作为主要的评价标准更容易计量。因此，在评价方面，以数量为主仍然具有一定的价值。质量的提升是一个逐渐的过程，因此，在确定政策发展目标方面，要协调好旅游发展总量与旅游发展质量的关系。

（三）增加新业态、新技术等创新政策措施

提高旅游发展质量，一方面要确定质量发展的目标，另一方面要练好内功，还有就是增加新业态、新技术等创新内容。打造新业态需要以全域旅游发展为理念，加大旅游与其他产业的融合，拓展旅游发展的领域；推广新技术，将最新的信息技术运用于旅游行业，如智慧旅游的发展；以创新为发展的动力，综合推动旅游质量的提升。

三、以理论研究为基础，提升政策制定的科学性

（一）加大全域旅游理论在实际中的应用

全域旅游作为我国新阶段旅游发展的重要理论，既符合我国旅游发展的国情，又指出了我国旅游发展的方向，是发展旅游的重要理论依据。但是要将理论运用于实践，仍需要进一步具体化。全域旅游一个重要的观点就是许多非传统的资源都可以开发为旅游产品，但在旅游资源开发方面，经典的旅游资源开发模式仍然是重要的参考。如旅游场域、旅游廊道、旅游节点等旅游布局结构。因此，全域旅游理论在实际中的应用仍需要进一步探索，才能提高该理论对新时期旅游发展的推动作用。

（二）加大旅游目的地发展的理论研究

旅游目的地之所以是旅游研究的一个重点，一方面是因为旅游目的地本身是一个系统，对旅游目的地进行研究，则能全面系统了解旅游发展规律；另一方面是旅游目的地的空间跨度大，一个国家、一个区域、一个城市，乃至一个旅游综合体，都可以看成是旅游目的地，因此，旅游目的地的研究结果具有极大的推广性，对于旅游发展具有极大的应用价值。

（三）加大智库、现代技术对政策制定的参谋作用

旅游消费类型多样，空间分散，利用传统技术非常难以统计。而现代技

术，尤其是信息基础上的大数据新技术、人工智能技术等，为旅游行业进行数据收集和处理创造了有利条件，是掌握旅游消费规律、旅游发展规律的重要途径。因此，在旅游政策制定过程中，应将旅游数据统计和处理等新技术作为旅游产业政策的一个重要辅助，同时，充分利用新技术提供的信息，科学制定旅游产业政策。

四、以重点领域为突破口，提高产业政策的推动力

（一）旅游重点区域建设政策供给

从《四川省“十三五”旅游业发展规划》可知，四川省5大区域、10大旅游目的地，10条精品旅游线路是四川省战略发展内容，是重点领域。要在这些领域进行重点突破，需要加大旅游发展相关资源在这些领域的集聚，而且要保持政策的长期稳定性，长此以往，才能真正取得实质性的发展。此外，四川省民族地区面积辽阔，资源丰富，是旅游发展的又一个重点，除了自然旅游资源之外，还需要结合民族地区文化，开发不同主题的旅游产品，提高旅游产品的品牌和旅游目的地形象。

（二）旅游产品层次、品质和品牌提升政策供给

一是进一步理清旅游吸引物尤其是景区类型。分析景区产品的提升路径，如对现有一般的旅游景区进行旅游市场、旅游资源特色等分析，分析其能否提升为休闲度假旅游景区，以及具体的提升路径。并对这些景区进行统计，制订旅游产品提升计划。二是加大旅游产品各组成要素的品质。根据现有情况可知，旅游商品是旅游产品要素最具提升空间的部分，在大量投入的基础上有相应的产出，是重点提升对象。此外，交通、住宿等都可以通过软硬件的改善，采取不同形式进行提升。三是通过产业政策推动旅游产品品牌建设，包括政策性的指导、扶持，以及具体的评定，提高各供给主体提升品牌知名度的积极性。

（三）新理论、新业态、新技术下旅游发展政策供给

在新理论与新业态背景下，旅游发展政策的着力点可以考虑：一是通过构建相关的旅游示范区、示范园等形式，提供发展的实践经验，同时提供相关的政策支持，推广和应用相关的新理论、新业态。二是提供相关的发展支持资金，提高各地区发展的积极性。如中医药旅游发展经费的支持。

五、加强部门与区域协调，提高旅游产业政策的有效性

（一）进一步提高旅游政策实施的协调力

目前，除了采用组建旅游发展委员会的政策措施之外，全国文化与旅游正在进行大的整合，形成以文旅融合为核心的机构。这些都有力地提高了旅游政策实施的实际效果。虽然“局改委”逐渐普及，但各部门之间仍存在协调问题。旅游业具有很强的综合性，单靠一个部门的政策很难促进旅游业的发展，需要各个部门从各个角度出台支持旅游业的政策①。因此除了加大政策执行机构的权威性和直接执行权之外，还需要考虑部门之间、区域之间的分工协作，以及协同发展的机制，提高各部门、各区域协同发展的动力。

（二）加大跨区域旅游合作发展

跨区域合作是旅游战略发展的重要途径，然而跨行政区域的旅游合作具有较大的难度，由于合作结果的不确定性，以及合作收益的不对等性等都是导致跨区域合作难以开展的具体障碍。因此，实施跨区域合作除了从战略上提出，还需要实地考察，综合各方面资料，构建各区域及相关的旅游部门、旅游企业等合作发展的基础条件、利益协调机制、共建共享机制，提高跨区域战略发展产业政策的实效性。

六、本章结论

旅游产业政策是旅游供给侧结构性改革的重要渠道。通过对旅游产业政策进行具体分类，并结合四川省各项旅游产业政策，尤其是以《四川省“十三五”旅游业发展规划》为核心，对目前四川省旅游产业政策的供给情况进行全面分析可知，现有四川省旅游发展政策的供给总体比较充分。需要完善的地方有：政策的针对性方面略显不足，主要体现在政策制定的理论依据待加强；政策重心向发展质量进一步倾斜；战略性规划相关的旅游产业政策有待加强；市场调整政策的灵活性有待提升；入境旅游市场相关产业政策有待加强等。为此，可考虑采取如下措施：以市场需求为依据，提高旅游产业政策科学性；以高质量发展为指引，转变旅游产业政策重心；以理论研究为基础，提升政策制定的科学性；以重点领域为突破口，提高产业政策的推动力；加强部门与区域的协调，提高旅游产业政策的有效性。

---

① 曾博伟. 新时期旅游政策优化的思路和方向［J］. 旅游学刊，2015，30（8）：2-4.

第七章 四川省城市与乡村旅游供给分析

第一节 城市旅游供给分析

一、城市旅游供给概述

（一）城市旅游相关研究

旅游城市按照我国的行政划分，涉及的城市主要有省会城市、地级市、县级城市三类。城市作为旅游目的地的其中一类，其特点主要体现在城市旅游在范围上具有明确而固定的行政区域，具有较为长期、持续稳定的旅游发展政策，在旅游公共服务方面比较系统完善，从而形成了一个相对有机的整体。通过对比《四川省“十二五”旅游业发展规划》和《四川省“十三五”旅游业发展规划》，可以发现，“十二五”的规划中将城市作为旅游目的地，而在“十三五”的规划中，则没有将城市作为旅游目的地来进行规划，而是提出了5大区域、10大旅游目的地。由此可见，一方面四川省将旅游目的地战略扩大到更大规模，这类新的旅游目的地由于缺乏明确的行政区域，尚未形成系统的旅游供给体系，需要大力完善；另一方面也表明，城市属于旅游目的地中的一类，需要思考如何借助城市现有成熟的发展环境进一步提高城市旅游发展水平。

城市旅游的相关研究比较多，为了有助于供给侧改革的实际推进，主要针对两个方面进行。一方面是对城市旅游构成和空间进行基本界定的研究，这是研究城市旅游最基本的理论。另一方面是对优秀旅游城市的相关研究。优秀旅游城市的评比有比较系统的指标体系，是综合分析和指导一个城市旅游发展的重要参考。

在城市旅游构成和空间方面，林章林对几个相关概念的关系进行了梳理，城市空间、城市公共空间、城市休闲空间和城市旅游空间。其中，城市休闲空间和城市旅游空间相重叠的部分通常是与游客相关的城市休闲旅游公共空间，相关的空间主要有景点、城市公园、博物馆、演艺场所、体育场馆、工业旅游点、图书馆、购物中心八种场所①。吴必虎、黄潇婷提出的城市旅游休闲空间除了以上的八种场所，还有步行街等特色街区②。

在优秀旅游城市方面，如李玲玲认为，现有优秀旅游城市在建设方面存在发展特色不鲜明，以及急功近利等问题③。曾清、李冬梅从城市旅游形象、旅游城市体系、城市个性和文化、生态环境、城市旅游信息化建设等方面分析了四川 9 个优秀旅游城市存在的问题，并提出可持续发展战略思路④。刘大均等研究认为，成都市作为中心旅游城市，还存在空间吸附半径不够大，优秀旅游城市之间的交通可达性差异显著等不足⑤。四川省达州市在创建优秀旅游城市的过程中，不足之处有：旅游产业地位不突出，城市环境、旅游教育培训、酒店行业等与优秀城市的标准差距大，高品质的景区数量偏少，旅游产品品牌不突出，旅行社接待能力不足，旅游市场有待规范等问题⑥。

中国优秀旅游城市的评价标准是分析城市旅游供给的重要依据。改革开放以后，城市旅游业的发展，带动了整个旅游业的快速发展。1995 年 3 月，国家旅游局发出《关于开展创建和评选中国优秀旅游城市活动的通知》。最新标准是 2003 年国家旅游局颁布了修订后的《中国优秀旅游城市检查标准》。

（二）四川省城市旅游规划

四川省对城市旅游提出了具体的发展目标和明确的发展要求：

推进旅游与城市化融合发展，有序开拓城市空间、完善城市功能、提升城市品质、创新城市业态、提高居民幸福感，建设一批宜居、宜业、宜游的新型旅游城市。

着力推进新型城镇化+旅游。根据城镇规划的功能布局，提高旅游城镇综合服务水平。

---

① 林章林. 上海城市旅游休闲公共空间的时空演化模式［J］. 旅游科学，2016，30（2）：79-94.

② 吴必虎，黄潇婷. 休闲度假城市旅游规划［M］. 北京：中国旅游出版社，2010.

③ 李玲玲. 关于创建中国优秀旅游城市的思考［J］. 衡阳师范学院学报，2006. 27（6）：93-96.

④ 曾清，李冬梅. 四川优秀旅游城市可持续发展研究［J］. 四川行政学院学报，2005（5）：71-73.

⑤ 刘大均，谢双玉，逯付荣，等. 四川省优秀旅游城市空间结构分形研究［J］. 长江流域资源与环境，2013，22（3）：285-290.

⑥ 笪玲，张述林. 达州市争创优秀旅游城市的战略研究［J］. 重庆文理学院学报（社会科学版），2011，30（6）：39-43.

实施百镇旅游提升工程。完善旅游城市、城镇和乡村的主客共享旅游功能，结合中国特色小镇培育和四川省百镇建设试点，力争打造100个国家3A级以上景区的特色旅游镇。

二、城市旅游供给评价

分析城市旅游供给的评价标准和评价方法比较多，在此对四川省19个主要城市（不包括三个城市布局较为分散的自治州）进行评价分析。评价标准和评价方法主要采用三个：一是城市休闲发展指数分析，二是优秀旅游城市评价标准，三是城市公共服务分析。

（一）城市休闲发展指数分析

休闲旅游是衡量一个地区旅游发展质量的重要指标，评价指标可部分参考城市休闲发展指数（具体包括休闲空间与发展环境、休闲设施与发展服务、城市休闲经济与产业指数、休闲生活与消费发展、城市休闲关注度五个方面）。相关研究表明，四川省主要旅游城市在休闲等各方面的排名上总体落后于旅游收入的排名（具体排名见表7-1）①，这反映了四川省各城市在休闲方面的基础条件还相对滞后于旅游发展，需要进一步完善，为旅游产品质量提升创造条件。

表7-1　2017年四川省主要城市休闲相关指标全国排名情况

城市名称	旅游收入/亿元	收入排名	休闲空间与发展环境	休闲设施与发展服务	城市休闲经济与产业指数	休闲生活与消费发展	城市休闲关注度
成都市	3 033.42	9	268	48	6	43	3
乐山市	769.10	52	248	139	124	202	223
宜宾市	538.72	89	216	194	274	231	146
绵阳市	533.22	91	154	195	202	149	103
南充市	458.05	104	222	263	266	276	108
泸州市	441.88	112	263	226	272	261	128
遂宁市	385.00	131	167	243	239	243	187
眉山市	356.66	144	264	276	273	204	250
广安市	350.70	147	190	271	282	228	227
自贡市	340.00	150	269	262	151	229	212

① 楼嘉军，李丽梅，孙晓东. 中国城市休闲化发展研究报告（2016）［M］. 上海：上海交通大学出版社，2017.

表7-1(续)

城市名称	旅游收入/亿元	收入排名	休闲空间与发展环境	休闲设施与发展服务	城市休闲经济与产业指数	休闲生活与消费发展	城市休闲关注度
广元市	334.56	153	37	123	227	281	215
德阳市	285.10	170	215	240	202	131	210
攀枝花市	279.31	176	116	94	88	62	141
内江市	263.87	185	252	279	286	235	218
雅安市	255.05	192	102	194	140	237	248
巴中市	210.00	221	110	247	138	289	202
达州市	171.08	239	254	283	288	285	131
资阳市	162.00	248	242	287	279	193	259
平均排名		145	199	215	208	210	178

资料来源：楼嘉军，李丽梅，孙晓东. 中国城市休闲化发展研究报告（2016）[M]. 上海：上海交通大学出版社，2017.

为了更直观地了解各城市休闲供给的排名情况，将各城市旅游收入排名减去各休闲指标排名，可以看出休闲评价结果与旅游收入排名的差异，如表7-2所示。

表7-2　城市休闲评价与旅游收入排名差异表

城市名称	休闲空间与发展环境	休闲设施与发展服务	城市休闲经济与产业指数	休闲生活与消费发展	城市休闲关注度	平均排名差异
成都市	-259	-39	3	-34	6	-64.6
乐山市	-196	-87	-72	-150	-171	-135.2
宜宾市	-127	-105	-185	-142	-57	-123.2
绵阳市	-63	-104	-111	-58	-12	-69.6
南充市	-118	-159	-162	-172	-4	-123
泸州市	-151	-114	-160	-149	-16	-118
遂宁市	-36	-112	-108	-112	-56	-84.8
眉山市	-120	-132	-129	-60	-106	-109.4
广安市	-43	-124	-135	-81	-80	-92.6
自贡市	-119	-112	-1	-79	-62	-74.6
广元市	116	30	-74	-128	-62	-23.6

表7-2(续)

城市名称	休闲空间与发展环境	休闲设施与发展服务	城市休闲经济与产业指数	休闲生活与消费发展	城市休闲关注度	平均排名差异
德阳市	-45	-70	-32	39	-40	-29.6
攀枝花市	60	82	88	114	35	75.8
内江市	-67	-94	-101	-50	-33	-69
雅安市	90	-2	52	-45	-56	7.8
巴中市	111	-26	83	-68	19	23.8
达州市	-15	-44	-49	-46	108	-9.2
资阳市	6	-39	-31	55	-11	-4

通过对城市休闲评价与城市旅游收入排名进行对比分析，可以更清楚地了解城市与旅游的协调度。如表7-2所示，乐山市休闲指标排名远低于旅游收入排名，这表明，乐山市城市休闲环境等与其旅游大市的排名不协调。这其实也揭示了一个潜在的问题，到乐山旅游的游客极少使用城市休闲设施，这意味着游客在城市住下消费的比例偏低。此外，宜宾、南充、泸州和眉山也存在类似的问题。相反的，攀枝花、雅安和巴中的城市休闲环境则发展相对较好，这也表明这些城市更有效地吸引游客在城市体验休闲生活。

（二）优秀旅游城市评价标准分析

根据最新的统计数据，四川省有优秀旅游城市21个。其中地级市以上的城市有：成都市、广安市、乐山市、绵阳市、自贡市、宜宾市、泸州市、攀枝花市、雅安市、南充市、西昌市、德阳市、广元市、遂宁市。县级市有：峨眉山市、都江堰市、崇州市、江油市、阆中市、邛崃市、华蓥市。根据以上数据可知，四川省尚有5个地级市未达到优秀旅游城市标准，这5个地级市是资阳市、达州市、巴中市、内江市和眉山市。通过相关数据分析，可知这五个地级市旅游方面存在的问题：

首先，旅游资源与旅游市场不够理想。通过表7-3可知，这五个城市中，有4个城市的旅游收入都排在四川省最后几位：内江市（14位）、巴中市（16位）、达州市（17位）、资阳市（18位）。旅游收入也侧面说明了这几个城市的旅游资源等级和数量都存在不足，需要通过旅游创新，开发更多更好的旅游资源。从旅游资源来看，高等级的旅游资源数量偏少，如截至2018年12月28日，内江4A级以上的旅游景区数量仅有5个，排在第15位；资阳市4A级以上景区有 2 个，排在最后。德阳和攀枝花虽然高等级旅游景区较少，但是德阳的旅游景区——三星堆的知名度较高，而且紧靠成都市这样一个大的旅游市场；攀枝花则是气候得天独厚，具有特色。

表 7-3　四川省主要城市旅游收入与旅游景区统计表

城市名称	旅游收入/亿元	排名	4A 级以上旅游景区数量	排序
成都市	3 033.42	1	46	1
广元市	334.56	11	20	2
雅安市	255.05	15	19	3
巴中市	210	16	19	4
绵阳市	533.22	4	16	5
乐山市	769.1	2	14	6
宜宾市	538.72	3	12	7
泸州市	441.88	6	11	8
达州市	171.08	17	10	9
自贡市	340	10	9	10
南充市	458.05	5	8	11
眉山市	356.66	8	8	12
遂宁市	385	7	7	13
广安市	350.7	9	7	14
内江市	263.87	14	5	15
德阳市	285.1	12	4	16
攀枝花市	279.31	13	2	17
资阳市	162	18	2	18

资料来源：1. 四川旅游统计年鉴编辑委员会. 四川旅游年鉴 2018［M］. 成都：四川科学技术出版社，2019.

2. 四川省 A 级景区名录［EB/OL］. http://www.quxian.gov.cn/govopen/show.cdcb? id=84206.

其次，城市文化遗迹的保护与开发力度不够，导致现有资源不够丰富。城市文化是城市旅游内涵的重要体现，城市文化各个层面的保存状况直接影响城市文化内涵。以上 5 个地级市的文化遗址数量偏少，规模偏小。

（三）城市公共服务供给分析

在城市公共服务供给方面，如前所述，可以从供给的数量、质量和效率方面进行分析。供给数量不足的市州有自贡市、泸州市、德阳市、广元市、宜宾市、广安市、巴中市。旅游公共服务供给效率普遍较低的市州有达州市、巴中市、绵阳市和德阳市，这四个市的情况又有所不同，达州市和巴中市公共服务相对绵阳市和德阳市存在不足，旅游业的发展也不明显，而绵阳市和德阳市的公共服务设施比较好，但旅游盈利能力还存在明显的不足。供给质量不足的市州有绵阳市、广元市、遂宁市、内江市、眉山市、阿坝州、甘孜州。

（四）城市营销分析

“城市营销”概念最早来源于西方的“国家营销”理念。菲利普·科特勒在《国家营销》中认为，一个国家，也可以像一个企业那样用心经营。“城市活动营销”是以各类活动为平台和媒介，通过整合社会资源、媒体资源，提高城市知名度、美誉度，促进城市经济社会全面发展的一种营销模式。传统的城市营销途径如高端赛事、高端展会、高端论坛等是推动城市形象的重要途径。如 2017 年，联合国世界旅游组织第 22 届全体大会落户成都。世界旅游联盟成立大会，“一带一路”国家旅游部长会议也在成都召开，进一步推广了城市旅游形象。此外，当今城市营销不再仅仅是政府和企业参与其中，广大市民、广大旅游者也主动参与其中，如通过网络平台，通过短视频、歌曲等形式，推动城市形象推广和旅游人气聚集。总体来看，四川省大部分地级城市在旅游营销方面的成效还不够显著，还需要进一步理清思路，找准城市热点，通过多种营销平台，以及创新性的营销手段，进一步提升城市营销效果。

三、城市旅游供给路径优化

（一）依据相关标准，进一步创建和完善优秀旅游城市

一是进一步完善城市旅游公共服务设施，拓展公共服务空间。二是充分利用现代技术，创新开发新的旅游项目，如主题乐园、步行街、大型旅游综合娱乐区等。三是利用节事活动，提高城市的知名度。

（二）提升城市休闲功能与旅游功能的融合度

完善多样性的公共空间是满足旅游城市旅游发展的基础。城市公共空间依据功能的不同，基本可划分为四种类型：标志性城市公共空间、生态性城市公共空间、通道性城市公共空间、商业性城市公共空间。通过加大和合理布局城

市休闲公共空间，为旅游后续发展提供空间。

（三）提升城市旅游形象

一方面是自身内在产品品质的提升，通过提升具体的城市意象来提升城市旅游形象，城市意象包含物质性意象元素和非物质性意象元素①。另一方面，则是通过沟通城市内外媒体来提升旅游形象。

（四）完善城市旅游公共服务体系

建立城市旅游公共服务多元化的供给机制，提高旅游公共服务供需对接的有效性。此外，建立健全现代旅游治理机制，确保旅游公共服务供给的质量；大力推进旅游信息化水平，进一步提高旅游公共服务供给的效率。

（五）进一步优化城市旅游产品供给模式

《四川省“十二五”规划》中提出“聚合观光”的模式，该模式是指以城市某市区为游客聚集的中心，推出向四周辐射的旅游线路。该模式解决了旅游景点不在环线上，每个景点游览时间较短，不足一天这种情况。该模式值得进一步落实，应打造示范点，在全省推广。

第二节　乡村旅游供给分析

一、乡村旅游供给概述

乡村旅游以 1985 年成都郫县的徐家大院农家乐为标志，已经经过了 35 年。乡村旅游经历了三个大的变化，从资源角度看，第一次是对资源的简单利用，第二次是对资源的综合利用，第三次是对资源的深入挖掘。从市场角度看，一是乡村旅游，以农家乐为基本产品，简单消费；二是乡村休闲，开始深入体验乡村文化；三是乡村度假，各项设施更齐全，游客停留时间长，花费较高。现有主要的乡村旅游发展模式有农家乐模式、“公司+农户”模式、公司化模式、转换模式四种。

（1）乡村旅游收入。2016 年四川省全年休闲农业与乡村旅游综合经营性收入达到 1 320 亿元，接待游客量达到 3. 52 亿人次，带动 1 290 万农民实现就

① 李枝秀，周潮．城市公共空间整体性建构与提升旅游竞争力：以南昌为例［J］．江西社会科学，2017（2）：39-40.

业增收①，全省农民人均增收94元，规模效益位居全国前列。休闲农业已成为推动农业农村经济发展的新动能、农民就业增收的大产业。

（2）乡村旅游布局。重点打造“五大休闲农业发展区”：一是以成都平原为核心的平原风光休闲农业与乡村旅游产业带；二是以甘孜州、阿坝州、凉山州为重点的民族风情休闲农业与乡村旅游产业带；三是以巴中市、达州市、广安市等为重点的红色故里休闲农业与乡村旅游产业带；四是以乐山市、宜宾市、泸州市等为重点的川南田园风光休闲农业与乡村旅游产业带；五是以德阳市、绵阳市、阿坝州等为重点的灾后重建新貌休闲农业与乡村旅游产业带②。

（3）乡村旅游发展提升路径。全省按照“产业基地为基础、创意农业为手段、农耕文化为灵魂”的要求，以国家级和省级现代农业示范区为重要载体，建设农业主题公园、农耕文化展示园区、农业科普教育园区等景区景点。制定省级《农业主题公园建设规范》等地方标准，建设农业主题公园，提升原有农家乐档次，引导经营主体向多元转变。

（4）重要乡村旅游项目。2017年，四川成功创建13个全国休闲农业与乡村旅游示范县、31个省级旅游强县、16个省级乡村旅游强县、64个省级乡村旅游示范县（市、区）、43个省级乡村旅游特色乡镇、748个省级乡村旅游示范乡（镇）村、60个省级乡村旅游精品村寨，县域旅游经济基础进一步夯实。

二、乡村旅游供给现状

（一）乡村旅游产业政策供给分析

1. 乡村旅游总体规划

2016年，四川省贯彻落实中央“一号文件”、农业部等14部委《关于大力发展休闲农业的指导意见》等文件精神，充分发挥农业多功能属性，深入挖掘乡村生态休闲、旅游观光、健康养生、文化传承等价值，大力发展新产业、新业态，促进农村一二三产业深度融合发展。

2016年，四川省出台了《关于支持发展新兴产业新型业态拓宽农民增收渠道的意见》，对发展新产业新业态做出具体安排部署，重点支持农村一二三产业融合发展。

---

① 四川已建成休闲农业景区4 531个　发展农家乐3万余家［J］. 四川农业科技，2016（6）：54.

② 四川2015年休闲农业与乡村旅游收入将达到1 000亿元［EB/OL］. http://www.china.com.cn/travel/txt/2012-10/24/content_26887857.htm.

2016年，四川省政府办公厅出台了《关于推进农村一二三产业融合发展的实施意见》，对产业融合主体培育、全产业链融合发展、利益联结机制、保障措施等进行安排部署。

《四川省"十三五"旅游业发展规划》中提出深入实施乡村旅游提升行动计划。围绕美丽新农村建设，推动乡村旅游规模化、产业化、品牌化发展，将四川打造成为国内领先、国际知名的乡村休闲度假旅游目的地。

2017年，四川省农业厅编制出台了《四川省休闲农业发展"十三五"规划》，提出到2020年，全省休闲农业综合经营性收入达到2 000亿元，带动2 000万农民就业增收，着力打造"五大休闲农业发展区"，重点实施休闲农业和乡村旅游提升工程。

2. 乡村旅游发展标准、规范与方法

《农业主题公园建设规范》

《四川省乡村旅游提升发展示范项目管理办法》

《四川省乡村旅游合作社创建指南》

《四川省乡村旅游合作社示范县示范社创建标准和评定办法》

《乡村旅游合作社建设指南》

《乡村旅游合作社发展调研报告》

《乡村旅游合作社创建标准和管理办法》

3. 乡村旅游城乡规划

《四川省民族地区全域旅游规划纲要》

《"8.8"九寨沟地震灾后恢复重建景区恢复与产业发展城乡实施方案》

《"交通+旅游"融合发展城乡行动计划》

《四川省"交通+旅游"融合发展城乡行动计划（2017—2020年）》

《水上旅游发展规划》

《旅游商品和购物规划》

《旅游民宿发展规划》

《生态旅游实施规划》

4. 乡村旅游扶贫规划

《四川省"十三五"旅游扶贫城乡规划》

《四川省A级旅游景区带动精准脱贫加分办法（暂行）》

《四川省旅游扶贫示范区(村)乡村民宿达标户创建标准和评定管理办法》

《四川旅游扶贫宣传营销方案》

《乡村旅游扶贫工程行动方案》

《四川省 A 级旅游景区带动精准脱贫加分办法》（A+++）

《四川省 A 级旅游景区主题分类导则》（Axx）

《四川特种 A 级旅游景区质量等级的划分与评定》（As）

《四川省旅游景区带动精准脱贫要求（暂行）A++标准》

《四川省旅游扶贫督查巡查工作办法》

《四川省旅游企业帮扶脱贫城乡行动方案》

《四川省 A 级旅游景区带动精准脱贫加分办法》

《广安市 2017 年金融旅游互动助推脱贫攻坚实施方案》

（二）乡村旅游产品供给分析

景区建设情况是衡量旅游产品的重要指标，为此，对 A 级景区中的乡村旅游情况进行统计。截至 2017 年 4 月 7 日，四川省共有 A 级旅游景区 439 家。其中，乡村旅游类共 83 家；农业旅游园区（花卉园、果园、农业主题公园）共 57 家。从总量上看，乡村旅游和农业旅游园区所占比重达 31.9%。由此可见四川省乡村旅游发展总体较好。

以规划引导乡村旅游科学发展。四川省各地在《四川省“十三五”旅游业发展规划》的引领下，立足自身资源禀赋，因地制宜地制定当地休闲农业发展规划。2017 年，四川省高水平、高水准、高质量编制深度贫困地区旅游规划，以推进全域旅游发展新格局为中心，实施多点多极支撑发展战略。协同部门联合编制、联合实施，推进“规划+”多规融合。

推动乡村旅游产品供给数量与质量提升。2017 年，四川省旅游发展委员会以“旅游+”为突破口，依托农业农村资源，培育发展农业旅游、生态旅游、民俗旅游、文化旅游、休闲旅游，推进农村一二三产业融合发展。2017 年四川省新增乡村旅游强县 12 个、乡村旅游景区 35 个、特色乡镇 39 个、精品村寨 61 个、乡村旅游示范基地 3 个、乡村旅游特色业态经营点 98 个、乡村民宿达标户 1 075 户。

以景区创建为抓手，提升乡村旅游产品效益。一是大力推进现代农业产业基地景区化建设。二是加快建设休闲农业景区。2017 年，四川省打造以花卉、水果、蔬菜、茶叶、中药材、水产等为主题的各类农业主题公园 1 120 个，累计建成 440 个。2017 年，四川省贫困地区新增和培育提升 A 级景区 62 家，其中甘孜州海螺沟景区成功创建为国家 3A 级景区。

打造美丽休闲乡村。2017 年，四川省农业厅以农业产业扶贫、乡村旅游扶贫为抓手，结合幸福美丽乡村建设、古村落改造、民族民俗文化建设，多层次打造农旅融合、集聚发展的美丽休闲乡村。全年共建成美丽休闲乡村 100

个，累计达 1 400 个。

（三）乡村旅游市场开发分析

注重精准营销，有效对接旅游市场。2017 年，四川省通过加大宣传营销力度，不断拓展贫困地区旅游市场规模。全省贫困地区共接待游客 3 964.52 万人次，增长 6.2%。一是支持举办乡村旅游节庆活动。举办了“2017 四川美丽田园欢乐游”等系列宣传活动，分别在春、夏、秋、冬四个季节举办乡村文化旅游节，提升了四川乡村旅游的知名度。二是对重点乡村旅游线路进行大力宣传。三是对各地乡村旅游重点的宣传推介进行了规划部署。四是设计制作和推出乡村专题旅游系列地图。

（四）乡村旅游品牌建设分析

培育休闲农业品牌。2017 年，四川省农业厅组织创建国家级品牌，德阳市罗江区、高县、遂宁市船山区 3 个县（市、区）获评“2017 年全国休闲农业和乡村旅游示范县（市）”，全省示范县（市）总数达到 19 个，其中示范市 2 个。武胜县三溪镇观音桥村、平昌县云台镇龙尾村、平武县平通镇桅杆村、阿坝县理查乡神座村、彭州市龙门山镇宝山村、雅安市名山区万古乡红草村六个村获评“2017 年中国美丽休闲乡村”。盐亭嫘祖蚕桑生产系统和名山蒙顶山茶文化系统被认定为“第四批中国重要农业文化遗产”，全省共有五项被认定为“中国重要农业文化遗产”。评选认定了第二批省级示范休闲农庄 200 家。

（五）扶贫战略对接分析

乡村旅游扶贫工程。2017 年，四川省认真贯彻落实国家旅游局等 14 个部委联合印发的《乡村旅游扶贫工程行动方案》，将建设旅游经济强省和世界重要旅游目的地与脱贫攻坚紧密结合，以全域旅游为战略抓手，统筹多方力量协同推进全省旅游扶贫工程取得突破。编制印发了《四川省 A 级旅游景区带动精准脱贫加分办法》（A+++），《四川省 A 级旅游景区主题分类导则》（Axx），《四川特种 A 级旅游景区质量等级的划分与评定》（As），充分发挥旅游景区在旅游供给侧结构性改革中的重要作用，引导四川省 A 级旅游景区转型升级，推动旅游景区对临近贫困地区和交通沿线贫困村的辐射作用。《四川省旅游景区带动精准脱贫要求（暂行）A++标准》印发实施后，取得了良好的效果。2017 年全省乡村旅游总收入为 2 283 亿元，同比增长 13.3%，相当于全省农民人均增收 3 435 元。

（六）乡村旅游供给保障分析

坚持资源统筹，改善提升基础设施，深入推进“厕所革命”。2017年，全年新（改）建厕所4 593座。大力改善旅游交通环境，旅游、发改、交通三部门联合制订了《四川省“交通+旅游”融合发展城乡行动计划（2017—2020年）》，牵头实施“318世界旅游目的地”示范段，带动阿坝州、甘孜州等深度贫困地区旅游快速发展。全力推进农村公路与城镇连接，推动产业路、资源路和旅游路协调发展，共同建设，推动了乡村旅游交通的发展。

坚持项目带动，破解投融资难题，加大财政投入力度。2017年，四川省安排省级旅游资金1.205亿元支持贫困地区旅游项目，实施旅游项目186个①。积极引进社会投资，为贫困地区策划包装一批旅游精品招商项目，通过国际旅游投资大会等促成贫困县现场签约。会同中国人民银行鼓励和引导金融机构加大乡村旅游扶贫支持力度，开展扶贫再贷款支持旅游扶贫示范村创建工作。

加大乡村旅游合作社培育。2017年，四川省旅发委出台了《乡村旅游合作社建设指南》《乡村旅游合作社发展调研报告》《乡村旅游合作社创建标准和管理办法》，开展了专题培训和现场指导。积极引入职业经理人，利用微店、微信公众平台，以众筹方式引导乡村旅游合作社特色化发展，打造差异化产品。

实施旅游企业帮扶工程。2017年，四川省旅游发展委员会制订了《四川省旅游企业帮扶脱贫城乡行动方案》，组织动员全省旅游景区、旅行社、旅游饭店、旅游规划设计单位等企业对全省1 443个旅游扶贫重点村开展帮扶。制定出台了《四川省A级旅游景区带动精准脱贫加分办法》，明确提出在四川省A级旅游景区评定、复核检查工作中，将增加旅游景区对本地精准脱贫的带动效益作为加分条件。

坚持强基提能，强化人才队伍建设。2017年，四川省加强对贫困县党政领导干部、旅游部门管理人员的培训，提升旅游扶贫工作队伍的素质。着重对乡村旅游经营户、能工巧匠传承人、乡村旅游带动人、乡村旅游创客四类人才，以及乡村旅游导游等人才进行培训。聘请旅游专家，动员组织规划、管理、营销专业人才，依托省旅游学校，利用国家乡村旅游培训基地，采取集中培训、到村培训、送教上门、远程培训、实地考察等多种方式实施旅游培训。创新建立乡村旅游规划师、工程师和技术员“两师一员”制度。旅游化的工作下沉到具体的每一个村。

---

① 晏恒. 旅游扶贫显成效［J］. 四川党的建设，2018（17）：12-13.

三、乡村旅游供给路径优化

（一）推动乡村旅游规模扩张与产业集聚

以市场为导向，加快推进乡村旅游集聚化、规模化发展，串点连线、连线成片，突出打造环成都乡村休闲旅游带、环重庆乡村休闲旅游带，构建连片成带聚集发展格局。创新乡村旅游产业化发展模式。提高乡村旅游组织化程度，引导乡村旅游合作社加速发展，建立农民增收的长效机制和利益保障机制，着力做大做强一批经营规模大、产业基础牢、产品质量优、带动能力强、运行机制新、规范管理的乡村旅游合作社。

（二）丰富和提高乡村旅游产品内涵

丰富乡村旅游产品，使产品充分融入自然生态、民俗风情、乡土建筑、农耕文化和传统工艺等元素，形成集观光、休闲、娱乐、体验于一体的高层次旅游产品。推动有条件的乡村旅游景区以观光为基础，进一步提供更好、更具特色的住宿如民宿，使景区向休闲和度假方向发展，提升乡村旅游品质。针对国际市场和高端游客，突出乡村特点，挖掘文化内涵，发展旅游度假小镇、乡村主题度假酒店、精品民宿客栈、精品村寨、国际驿站、乡村俱乐部、度假乡村庄园、户外运动基地等乡村旅游精品项目。

（三）加强法律与政策的指引作用和推动作用

目前，与乡村旅游相关的基础性法规比较缺乏，2016 年新修订的《旅游法》中对乡村旅游进行直接规定的条款也寥寥无几①。如前所述，四川省积极出台了一些与乡村旅游相关政策法规，有力推动了四川省乡村旅游的发展。与此同时，也看到四川省乡村旅游还存在前期规划不足，景区运营资金比较缺乏，旅游产品向休闲度假转型提升效果不明显等问题。由此可见，相关政策还需要在旅游前期规划、乡村旅游融资、乡村旅游产品提升等方面进一步加强，有针对性地引导和提高乡村旅游供给发展。

（四）提升乡村旅游基础供给水平

提升乡村旅游公共基础服务设施，重点推进乡村旅游经营点（户）厕所、厨房等的提升。突出乡村旅游住宿、餐饮、娱乐、购物等主要消费环节的服务规范和标准，健全乡村旅游标准化体系。加强乡村资源环境保护，深入开展农

---

① 李琪. 供给侧改革视域下乡村旅游的发展路径探究［J］. 农业经济，2019（2）：52-53.

村环境综合整治，加快旅游乡村生活垃圾、污水无害化处理设施建设，实现可持续发展。结合各地乡村民俗传统、旅游资源和旅游产品特点，对乡村居民，尤其是贫困地区村民进行培训，提高乡村旅游的整体供给水平。

（五）加强新业态新技术供给

业态创新是丰富旅游产品、提高综合利用水平、降成本增效益的重要途径，也是保持和增强竞争力的重要手段。业态创新主要体现在旅游产业与其他产业融合发展，以及新兴技术在旅游发展中的应用。通过一、二、三产业融合，形成综合性更强、内容更丰富、吸引力更大的乡村旅游产品。通过“互联网+乡村旅游”，全面启动智慧乡村旅游工程，积极推进现代信息技术在乡村的推广和应用。探索运用PPP（政府和社会资本合作）模式，建设乡村旅游信息垂直平台，增强乡村旅游互联网服务功能。

第三节　旅游综合体供给分析

一、旅游综合体供给概述

（一）旅游综合体概念

旅游综合体由我国学者最早提出，而其产生则是在国外，以迪士尼现代主题公园的建成为标志，是集休闲、娱乐、怡情为一体的综合性公共娱乐平台。对于旅游综合体的定义较多，如平文艺（2004）对旅游综合体的定义：旅游综合体即区域旅游合作的综合体①。周少雄（2006）认为旅游综合体是指在一个特定的旅游空间内，拥有各种旅游功能和旅游设施，能提供全方位服务，满足游客多种需求的旅游要素组合体②。赵宏中（2009）认为旅游综合体是指在相对广的范围内，以房地产为基础，以高档酒店为载体，以一流的自然、人文、服务环境为前提，以高品质多功能的服务内容为根本的一系列服务设施和内容的总称③。吴必虎、徐小波（2010）认为，旅游综合体是借鉴城市综合体而产生的一种新兴的旅游导向型土地综合利用方式，谋求人工要素与传统资

① 平文艺.创建“西部旅游综合体”的理论思考［N］.经理人日报，2004-10-25.

② 周少雄.关于杭州实施旅游国际化的若干思考［J］.杭州通信（下半月），2007（10）：34-35.

③ 赵宏中.打造高品质的滨湖南山路国际旅游综合体［J］.杭州通信，2009（4）：15-16.

源、旅游产业与其他产业的关联整合①。程金龙（2016）认为旅游综合体是立足于旅游资源要素和土地要素在一定的时空范围内将旅游业态和地产业态进行融合而建立的具有综合功能的产业聚集区②。

综上对旅游综合体的分析可知，旅游综合体形态上是旅游要素组合体，功能上是旅游导向型土地综合利用方式。旅游综合体不是一种旅游产品或者旅游项目，而是旅游产品或旅游项目开发的一种方式，以及形成的一种组合体。旅游综合体是新提出来的一个旅游概念，主要是新时代背景下，用来描述旅游与房地产结合的一种开放模式以及所形成的综合体如旅游房地产、高尔夫度假地产、主题公园等。旅游综合体这个概念之所以最近几十年才出现，主要是由于在地理位置上，旅游综合体地处城市或城郊；在开发方向上以旅游为主要发展方向；在要素构成方面具有综合性，涵盖旅游六要素；在规模方面则具有大体量、高投入的特征。这种开发模式，是不曾有的。然而当我们将城市及城郊的旅游综合体与其他旅游项目如度假旅游区、特色小镇进行对比，可以发现，它们在开发模式及要素组合形态方面具有极强的相似性。为此，将旅游综合体的定义分为广义和狭义两个方面，其中，广义的旅游综合体包括了度假旅游区、特色小镇、古镇等；狭义旅游综合体则强调旅游吸引物的构成更多借助人类智慧，而不是自然旅游资源，其中分布在城市的旅游综合体主要以主题乐园为代表，分布在乡村的旅游综合体以田园综合体为代表。本书主要研究狭义旅游综合体的供给情况。

（二）旅游综合体特征

为了进一步明确旅游综合体的具体内涵，因此本书对旅游综合体的特征进行归纳总结，总体而言，旅游综合体具有以下五个基本特征：

1. 要素系统化

旅游综合体由旅游诸多要素系统组合而成，包含了旅游的六个基本要素，即吃、住、行、游、购、娱，以及其他要素，如信息通信服务等。从这个方面看，可以比较清楚地分辨一般景区与旅游综合体的区别，一般景区不具备住宿等要素。

2. 内容主题化

整个旅游综合体都有一个比较突出的主题，旅游综合体内的各种要素和资

---

① 吴必虎，徐小波. 旅游导向型土地综合开发（TOLD）：一种旅游：房地产模式［J］. 旅游学刊，2010，25.

② 程金龙. 新时期旅游目的地开发与管理［M］. 北京：科学出版社，2016：34-38.

源都围绕主题进行建设，旅游活动也围绕主题展开，从而让游客获得更特别、更具深度的体验。

3. 空间集聚化

旅游综合体可以摆脱传统旅游资源的束缚，从而可以从空间上全面重新设计；同时，旅游综合体内的要素需要紧紧围绕主题，所以要素在空间上也相对比较集聚；此外，旅游综合体作为投资项目，考虑到投入与产出的效益要求，也要求要素必须集聚。

4. 内部开放化

旅游综合体的本质是旅游项目的载体，而旅游的一个重要特征就是开放性。“畅”是旅游体验的一个高标准，要达到这样的效果，就要求旅游综合体具有开放性。然而在实际开发过程中，对这方面的重视不够，如农家乐综合体要求综合体内的各家各户都要向游客尽可能开放，否则难以提高综合体的畅游体验效果；康养旅游区也要求医疗保健能尽可能向游客开放，否则就成了传统的医院。

5. 资源创新化

资源创新化指旅游资源的开发更多地借助于人工吸引物，而不是依靠已有的自然资源。由此可见，现代的主题乐园、康养旅游区等是典型的旅游综合体。

（三）旅游综合体的类型

由之前的分析可知，根据开发模式及要素组合形态的一致性，度假旅游区、特色旅游小镇、旅游古镇、旅游步行街等都可以归入广义旅游综合体。具体类型如下：

1. 狭义旅游综合体

狭义旅游综合体主要有大型主题乐园（公园）以及田园综合体。

2. 广义旅游综合体

广义旅游综合体除了包括狭义旅游综合体之外，还包括度假旅游区、特色旅游小镇、旅游古镇、旅游步行街、旅游产业园、康养旅游区、大型农家乐、大型农业观光园等。

二、旅游综合体供给评价

（一）旅游综合体供给比较

根据相关数据，对旅游综合体进行分类和归纳，得到四川省旅游综合体的总体供给情况，如表 7-3 所示。

表 7-3　四川省与广东省旅游综合体统计表

旅游综合体类型	四川省（截至 2017. 4. 7）		广东省（截至 2019. 2. 12）	
A 级景区总计	总数（439）	比重（%）	总数（385）	比重（%）
主题游乐园	28	6. 38	26	6. 75
度假休闲区	5	1. 14	82	21. 30
古镇古村寨	37	8. 43	15	3. 90
乡村旅游	140	31. 89	25	6. 49
工业旅游	12	2. 73	34	8. 83

资料来源：《四川省 A 级旅游景区主题分类导则（Axx）》；广东省 A 级景区名录（201902）

从供给数量来看，四川省的主题游乐园的数量与广东省相当，比例略低于广东省；在度假休闲区方面则远远低于广东省所占比例；在古镇古村寨、乡村旅游区方面，四川省所占的比例远高于广东省；在工业旅游方面，四川省所占的比例远低于广东省，景区数量只有广东省的约 1/3。由此可见，在旅游综合体数量方面，四川省与广东省相比较，各有其特点。在主题游乐园方面，四川省与广东省相当。

（二）主题乐园供给分析

为了分析四川省主题乐园的供给质量，将四川省主题乐园与广东省主题乐园景区的等级进行对比分析，得到结果如表 7-4 所示。

表 7-4　四川省主题乐园与广东省主题乐园景区对比分析

四川省景区名称	地址	等级	广东省景区名称	地址	等级
成都市国色天乡乐园	成都市	4A	广州市长隆旅游度假区	广州	5A
眉山市农业嘉年华景区	眉山市	4A	深圳市华侨城旅游度假区	广州	5A
眉山市仁寿城市湿地公园旅游景区	眉山市	4A	广州市石头记矿物园	广州	4A
宜宾市流杯池公园	宜宾市	4A	广州市广州塔景区	广州	4A
成都市海昌极地海洋世界景区	成都市	4A	广州市百万葵园主题公园	广州	4A
成都市欢乐谷景区	成都市	4A	广州市南沙天后宫	广州	4A
成都市国色天乡乐园	成都市	4A	深圳市野生动物园	广州	4A
广安市邻水黄桷树公园旅游景区	广安市	3A	深圳东部华侨城旅游度假区	广州	4A
广安市广安区萃屏公园旅游景区	广安市	3A	佛山市三水荷花世界	广州	4A

表7-4(续)

四川省景区名称	地址	等级	广东省景区名称	地址	等级
南充市北湖公园	南充市	3A	佛山市史努比缤纷世界	深圳	4A
天池公园景区	宜宾市	3A	汕头市方特欢乐世界·蓝水星景区	深圳	4A
广安市武胜县印山公园景区	广安市	3A	河源市东江野战俱乐部景区	深圳	4A
北辰湖公园	广安市	3A	惠州市博罗五矿·哈施塔特旅游小镇	佛山	4A
成都市新都区新繁东湖旅游景区	成都市	3A	中山市悦来亲子王国旅游景区	佛山	4A
欢乐派海滩公园	泸州市	3A	中山市大信·新都汇古镇店	汕头	4A
南湖梦幻岛旅游景区	成都市	3A	湛江市南亚热带植物园	河源	4A
巴中国色天乡嘉年华乐园	巴中市	3A	清远市黄腾峡生态旅游区	河源	4A
攀枝花公园	攀枝花市	3A	清远市玄真古洞生态旅游区	惠州	4A
泸州九狮景区	泸州市	2A	清远市清新区古龙峡原生态旅游区	中山	4A
攀枝花鑫岛游乐城	攀枝花市	2A	广州市宝趣玫瑰世界	中山	3A
遂宁大英县蓬莱公园	遂宁市	2A	广州市大丘园农庄景区	中山	3A
南充营山县西月湖公园	南充市	2A	广州市星期小镇	湛江	3A
攀枝花市仁和公园旅游景区	攀枝花市	2A	广州市太古仓码头	清远	3A
遂宁市继勋公园旅游景区	遂宁市	2A	河源市龙川县佗城景区	清远	3A
四川易园旅游景区	成都市	2A	中山市仙踪龙园	清远	3A
雅安汉源体育公园	雅安市	2A	揭阳市揭东万竹园旅游景区	揭阳	3A
金口河区五彩天池旅游景区	乐山市	2A			
成都新华公园旅游景区	成都市	1A			

对四川省与广东省景区等级进行统计，得到结果如表 7-5 所示。

表 7-5　四川省主题乐园与广东省主题乐园景区对比分析

景区等级	四川省主题乐园	广东省主题乐园
AAAAA	—	2
AAAA	7	17
AAA	11	7
AA	9	—
A	1	—

通过表 7-5 可知，四川省主题游乐园数量虽然与广东省比较相近，但在高等级的主题游乐园方面远不及广东省，主要体现在四川省目前无 5A 级主题游

乐园，4A级的主题游乐园比广东省少10家。由此可见，四川省主题游乐园旅游综合体还需要进一步发展，提高景区品质和等级。

（三）田园综合体供给分析

2017年2月5日，“田园综合体”作为新型的乡村产业发展模式被写进中央一号文件：支持有条件的乡村建设以农民合作社为主要载体、让农民充分参与和受益，集循环农业、创意农业、农事体验于一体的田园综合体，通过农业综合开发、农村综合改革转移支付等渠道开展试点示范①。田园综合体所提到的农事体验和创意农业则与农业休闲旅游息息相关，同时表明该项目将大力普及。现代化、创造性、综合性和普及性是田园综合体的主要特征。现有具备条件的，还需进一步向高层次发展，提升休闲度假旅游产品所占比重。

田园综合体是四川乡村旅游转型升级的重要途径。四川省乡村旅游从“一鸡多吃+打麻将”的1.0时代，逐步发展到向景区化、休闲农庄发展的2.0时代，并正迈向三产融合的3.0时代，而田园综合体则是3.0时代的重要发展模式。由此可见，相对于传统的乡村旅游，田园综合体有三个突出的特征：一是强调融合，将生产、生活、休闲等融合在一起；二是旅游区体量更大，旅游项目与服务更为系统；三是旅游项目的层次更高，对游客的吸引力也更大，尤其是旅游休闲、旅游度假的特征更为明显，能让游客长时间在综合体内停留。

发展成效方面。至2017年，四川省共创建全国休闲农业和乡村旅游示范市县19个，入选中国美丽休闲乡村19个、中国重要农业文化遗产5个，建成农业主题公园440个、美丽休闲乡村1 400个，认定省级示范休闲农庄300个、农业主题公园80个。“综合经营性收入1 320亿元，占全国1/5，带动1 290万农民就业，助力全省农民人均增收94元，扶贫成效显著”②。

发展模式方面。目前，四川省在旅游综合体的发展方面，主要是基于现有乡村旅游发展模式，并进一步延伸，即发展乡村休闲观光、健身养生养老、农事活动体验、乡村休闲度假等形式的业态。

发展问题方面。目前四川省田园综合体发展程度不够，规模较大的乡村度假地很少，乡村文化挖掘不够，民宿发展相对于江浙而言比较滞后（杨振之）。

① 姚洪文. 田园综合体建设的思考与探索［J］. 城乡建设，2019（4）：61-64.

② 颜斯睿. 四川休闲农业新一轮升级启动［N］. 四川日报，2018-03-20.

三、旅游综合体供给路径优化

（一）发挥旅游综合体理论对开发的指导作用

目前，全域旅游理论是旅游开发的重要理论，突破了传统对旅游资源范围的认识。而在具体开发过程中，要遵守经济规律、环境保护等各种要求。此外，从广义旅游综合体所涵盖的范围看，旅游综合体涵盖范围广，但其开发和经营规律，以及对新兴旅游项目和旅游产品具有非常有效的指导作用，有必要加强对旅游综合体的研究，推动旅游产品紧跟时代要求，满足时代新需求。

（二）强化相关政策对旅游综合体的引导和扶持

旅游综合体的开发需要较大的资金投入，涉及的因素也比较多，然而其对城市形象的提升具有非常大的作用，尤其是对一些旅游资源比较匮乏的地市县。因此，如何引入大型的具有旅游综合体开发经验的企业集团，从而推动或撬动一个城市旅游的开发，对于大部分市县都具有重要的意义。

（三）注重文化积淀与新科技应用

一个城市、一个地区之所以吸引人，很重要的因素是有文化底蕴并保留文化，这需要对文化进行提炼，并提供载体将之积淀下来。每个时代有每个时代的特征，目前我国的城市化推进迅猛，每个时代的文化能否保留下来，并成为人们能感受、回忆的地方，需要一定的休闲空间和积极的规划。旅游综合体可以将各个时期城市的文化加以提炼加工，并积淀下来，成为一个城市的文化层。当一个城市具有丰富的不同历史层的区域，这个城市的内涵就会丰富起来，并切实提高一个城市的文化底蕴和文化品位，提升一个城市的气质与吸引力。

（四）提高田园综合体的发展水平

相对于城市主题乐园而言，田园综合体则是最近几年提出来的。因此，需要加大对田园综合体发展的研究力度。首先，田园综合体需要解决好生产、生活和旅游三者的关系，形成有机的体系；其次，要注意田园综合体从量变到质变的演变规律，从形式满足到内容充实的演变规律，让“产区变景区、田园变公园、产品变礼品”，突出农耕文明和匠人精神，同时延长产品线，探索形成全年兴旺的格局。此外，需要加大政策的保障力度，通过政策引导、政策扶持和政策保障等措施，提高田园综合体的发展效果。杨振之建议，升级换代关键靠政策导向，如土地政策松绑和投融资、税收方面的政策支持，这些政策能吸引工商资本向农村汇聚。

四、本章结论

本章对四川省城市旅游、乡村旅游，以及旅游综合体的供给情况进行了分析。在四川省城市旅游供给方面，通过对比发现，四川省各城市在休闲方面的供给与全国总体水平还存在明显的差距；在优秀旅游城市方面，还有少数城市旅游发展存在不足。可考虑通过如下途径优化城市旅游供给：依据相关标准，进一步创建和完善优秀旅游城市；提高城市休闲功能与旅游功能的融合度；提升城市旅游形象；完善城市旅游公共服务体系；进一步优化城市旅游产品供给模式。在乡村旅游供给方面，四川省乡村旅游供给总体较好，但仍需要继续提升旅游产品品质，可考虑通过如下措施，提升乡村旅游发展质量：推动乡村旅游规模扩张与产业集聚；丰富和提高乡村旅游产品内涵；加强法律与政策的指引作用和推动作用；提升乡村旅游基础供给水平；加强新业态新技术供给。在旅游综合体方面，通过与广东省进行比较，可知四川省在旅游综合体的发展方面有较大的提升空间，可考虑通过如下途径优化供给：充分借鉴相关理论指导；强化相关政策对旅游综合体的引导和扶持；注重人类各时期文化的积淀，以及新科技的应用；提高田园综合体的发展水平。

参考文献

一、中文参考文献

毕丽芳，马耀峰，2013. 交通通达性与省域旅游经济的耦合协调度分析：以云南省为例［J］. 西安财经学院学报，26（1）：124-128.

曾博伟，2015. 新时期旅游政策优化的思路和方向［J］. 旅游学刊，30（8）：2-4.

曾博伟，魏小安，2016. 旅游供给侧结构性改革［M］. 北京：中国旅游出版社.

曾清，李冬梅，2005. 四川优秀旅游城市可持续发展研究［J］. 四川行政学院学报（5）：71-73.

常文娟，2018. 论旅游公共服务水平的评价标准［J］. 江苏商论（9）：64-67.

常文娟，熊元斌，2015. 旅游公共服务水平评价及实证分析［J］. 统计与决策，437（17）：106-109.

陈安泽，2013. 旅游地学大辞典［M］. 北京：科学出版社.

陈国生，陈政，刘军林，2016. 旅游供给侧改革中的信息化推动与产业博弈［J］. 湖南社会科学（3）：126-130.

程金龙，2016. 新时期旅游目的地开发与管理［M］. 北京：科学出版社.

笪玲，张述林，2011. 达州市争创优秀旅游城市的战略研究［J］. 重庆文理学院学报（社会科学版），30（6）：39-43.

邓小艳，邓毅，2016. 大众旅游背景下旅游供给侧改革策略研究［J］. 行政事业资产与财务（6）：1-6.

高楠，马耀峰，张春晖，2015. 中国丝绸之路经济带旅游产业与区域经济的时空耦合分异：基于九省区市1993—2012年面板数据［J］. 经济管理，37（9）：111-120.

葛全胜，席建超，2015. 新常态下中国区域旅游发展战略若干思考［J］. 地理科学进展，34（7）：793-799.

龚刚，2016. 论新常态下的供给侧改革［J］. 南开学报（哲学社会科学版）（2）：13-20.

郭馨梅，施珊珊，2017. 供给侧改革下北京市旅游消费品质提升研究［J］. 区域经济（6）：155-158.

国家旅游局，2015. 中国旅游统计年鉴2014［M］. 北京：中国旅游出版社.

贾康，2015. "十三五"时期的供给侧改革［J］. 国家行政学院学报，6：112-121.

贾康，苏京春，2016. 论供给侧改革［J］. 管理世界（3）：1-24.

姜文华，朱孟斐，朱孔来，2017. 旅游产业供给侧改革存在的问题与对策建议［J］. 山东社会科学（11）：147-152.

姜嫣，马耀峰，高楠，等，2012. 区域旅游产业与经济耦合协调度研究：以东部十省（市）为例［J］. 华东经济管理，26（11）：47-50.

蒋婷，张峰. 需求视阈下旅游公共服务的内涵和形成机制［J］. 企业经济，430（6）：164-170.

康珂，2016. 经济新常态下的供给侧结构性改革：背景、逻辑与路径［J］. 现代管理科学（9）：39-41.

李锋，2015. 国外旅游政策研究：进展、争论与展望［J］. 旅游科学，29（1）：58-76.

李光勤，胡志高，曹建华，2018. 制度变迁与旅游经济增长：基于双重差分方法的"局改委"政策评估［J］. 旅游学刊（1）：13-24.

李健仪，谢礼珊，关新华，2016. 旅游公共服务质量量表的设计与检验［J］. 旅游学刊，31（11）：117-127.

李克强，罗文，王灿，2018. 衡阳市旅游公共服务测评体系构建与评价［J］. 衡阳师范学院学报，39（6）：97-104.

李玲玲，2006. 关于创建中国优秀旅游城市的思考［J］. 衡阳师范学院学报，27（6）：93-96.

李琪，2019. 供给侧改革视域下乡村旅游的发展路径探究［J］. 农业经济（2）：52-53.

李爽，2015. 旅游公共服务体系建构［M］. 北京：经济管理出版社.

李爽，黄福才，李建中，2010. 旅游公共服务：内涵、特征与分类框架［J］. 旅游学刊（4）.

厉以宁，2017. 持续推进供给侧结构性改革［J］. 中国流通经济，31（1）：3-8.

梁留科，2018. 新时代背景下旅游供给侧改革研究［M］. 北京：科学出版社.
林章林，2016. 上海城市旅游休闲公共空间的时空演化模式［J］. 旅游科学，30（2）：79-94.
刘大均，谢双玉，逯付荣，等，2013. 四川省优秀旅游城市空间结构分形研究［J］. 长江流域资源与环境，22（3）：285-290.
刘红梅，冀陈伟，2017. 中国旅游政策的演进［J］. 求索（4）：137-143.
刘少和，桂拉旦，2018. 西部地区5A级景区旅游产业融合集聚研究［J］. 甘肃社会科学（5）：213-219.
楼嘉军，李丽梅，孙晓东，2017. 中国城市休闲化发展研究报告（2016）［M］. 上海：上海交通大学出版社.
马波，2012. 旅游业投资拉动的局限性及相关政策讨论［J］. 旅游绿皮书：2012年中国旅游发展分析与预测（7）.
马波，2015. 新常态下中国旅游产业政策调整略论［J］. 旅游学刊，30（7）：4-5.
马聪玲，倪鹏飞，2008. 城市旅游品牌：概念界定及评价体系［J］. 财贸经济（9）：124-127.
马勇，2008. 国内旅游目的地研究综述［J］. 世界地理研究，17（1）：144-153.
迈克尔·波特，2007. 国家竞争优势［M］. 北京：中信出版社.
芮田生，李益彬，张科，2017. 四川省旅游经济强省评价体系构建［J］. 内江师范学院学报（6）：58-63.
芮田生，阎洪，2011. 西部十二省、自治区、直辖市旅游竞争力的组合评价［J］. 旅游科学，25（3）：14-23.
生延超，钟志平，2009. 旅游产业与区域经济的耦合协调度研究：以湖南省为例［J］. 旅游学刊，24（8）：23-29.
舒小林，高应蓓，张元霞，2015. 旅游产业与生态文明城市耦合关系及协调发展研究［J］. 中国人口·资源与环境，25（3）：82-90.
四川旅游统计年鉴编辑委员会，2018. 四川旅游年鉴.2017［M］. 成都：四川科学技术出版社.
四川旅游统计年鉴编辑委员会，2019. 四川旅游年鉴.2018［M］. 成都：四川科学技术出版社.
孙国学，赵丽丽，2016. 旅游产品设计与策划［M］. 北京：中国铁道出版社.

谈俊，2017. 我国供给侧结构性改革的背景和意义［J］. 经济研究参考（26）：10-17.

唐贤伦，陈品玉，殷红梅，等，2017. 我国供给侧结构性改革背景下的全域旅游发展理论体系研究［J］. 改革与战略（9）：67-70.

唐晓云，2014. 中国旅游发展政策的历史演进（1949—2013）一个量化的研究视角［J］. 旅游学刊（8）：15-27.

唐昭霞，2011. 西部旅游产业集群发展的问题与对策［J］. 经济导刊（8）：56-58.

王良举，2006. 基于 SSM 的安徽省国际旅游产业结构分析［J］. 华东经济管理（10）：76-78.

王琪延，徐玲，2016. 中国城市文化发展指数（2016）［M］. 北京：中国人民大学出版社.

王永明，马耀峰，2011. 城市旅游经济与交通发展耦合协调度分析：以西安市为例［J］. 陕西师范大学学报（自然科学版），39（1）：86-90.

王兆峰，霍菲菲，徐赛，2018. 湘鄂渝黔旅游产业与旅游环境耦合协调度变化［J］. 经济地理（8）.

文化和旅游部，2019. 中国旅游统计年鉴 2018［M］. 北京：中国旅游出版社.

吴必虎，黄潇婷，2010. 休闲度假城市旅游规划［M］. 北京：中国旅游出版社.

吴必虎，徐小波，2010. 旅游导向型土地综合开发（TOLD）：一种旅游：房地产模式［J］. 旅游学刊，25（8）：34-38.

吴敬琏，厉以宁，2016. 供给侧改革引领“十三五”［M］. 北京：中信出版社.

夏杰长，徐金海，2017. 以供给侧改革思维推进旅游公共服务体系建设［J］. 河北学刊，37（3）：126-130.

夏正超，谢春山，2007. 对旅游产业集群若干基本问题的探讨［J］. 桂林旅游高等专科学校学报，18（4）：479-483.

谢双玉，冯娟，2016. 2015 中国旅游业发展报告［M］. 北京：中国旅游出版社.

熊元斌，朱静，2006. 旅游产业发展环境构造分析［J］. 经济评论（5）：72-77.

徐虹，李秋云，马新颖，2016. 天津市旅游公共服务供给现状与提升对策调查研究［J］. 天津商业大学学报，36（3）：3-10.

徐菊凤，2013. 旅游公共服务理论与实践［M］. 北京：中国旅游出版社.

晏恒，2018. 旅游扶贫显成效［J］. 四川党的建设（17）：12-13.
杨春梅，赵宝福，2014. 中国著名旅游城市旅游业的效率研究［J］. 旅游科学（1）：65-75.
杨松茂，任燕，2013. 陕西旅游产业与区域经济耦合协调发展度研究［J］. 统计与信息论坛，28（3）：76-81.
姚洪文，2019. 田园综合体建设的思考与探索［J］. 城乡建设（4）：61-64.
姚世斌，胡伟，赵勇，2007. 四川旅游业竞争力综合指标体系评价［J］. 安徽农业科学，35（35）：11570-11571.
余菲菲，胡文海，荣慧芳，2015. 中小城市旅游经济与交通耦合协调发展研究：以池州市为例［J］. 地理科学，35（9）：1 116-1 122.
余洁，2014. 山东省旅游产业与区域经济协调度评价与优化［J］. 中国人口·资源与环境，24（4）：163-168.
岳宏志，朱承亮，2010. 我国旅游产业技术效率及其区域差异：2001—2007 年［J］. 云南财经大学学报（2）：36-43.
张广海，高俊，2016. 我国旅游业供给侧改革分析［J］. 经济与管理评论（4）：113-118.
张辉，成英文，2015. 中国旅游政策供需矛盾及未来重点领域［J］. 旅游学刊，30（7）：6-7.
张棚路，江韶华，马舒，2016. 旅游业发展中品牌形象塑造探究［J］. 美与时代·城市（12）：83-84.
张祥，胡静，2019. 2018 中国旅游业发展报告［M］. 北京：中国旅游出版社.
张英，邱文君，熊焰，2014. 国家旅游综合改革政策对旅游产业影响的实证［J］. 统计与决策（19）：110-112.
张忠，2017. 我国乡村旅游供给侧结构性改革：问题与对策［J］. 改革与战略，33（10）：98-100.
赵爱民，陆恒芹，吴晓伟，2017. 供给侧改革下安徽省旅游产业转型升级研究［J］. 商业经济研究（15）：170-172.
赵宏中，2009. 打造高品质的滨湖南山路国际旅游综合体［J］. 杭州通信（4）：15-16.
周蕾，王冲，贾志永，2016. 四川省旅游产业与区域经济耦合协调度研究［J］. 四川师范大学学报（自然科学版）（3）.
周少雄，2007. 关于杭州实施旅游国际化的若干思考［J］. 杭州通信（下半月）（10）：34-35.

二、英文参考文献

BALOGLUS. MCCLEARY K W, 1999. A model of destination image formation [J]. Annals of tourism research, 26 (4): 868-897.

ZHANG H, GU C L, GU L W, et al., 2010. The evaluation of tourism destination competitiveness by TOPSIS & information entropy: a case in the Yangtze River delta of China [J]. Tourism management, 32 (2): 443-451.